Spieltheorie $\mathcal{L}ite$ HLM

Aufgaben und Lösungen

Manfred J. Holler

Martin Leroch

Nicola Maaser

ACCEDO

Accedo Verlagsgesellschaft, Munich

Manfred J. Holler/Martin Leroch/Nicola Maaser
Spieltheorie Lite. Aufgaben und Lösungen

Umschlag: Mona Lisa von Leonardo da Vinci
(Design von Matthew Braham)

© 2008 Accedo Verlagsgesellschaft mbH
Gnesener Str. 1, D-81929 München, Fax: +49 89 9294109
www.accedoverlag.de

Druck und Bindung: Hansa Print Service, München

ISBN-13   978-3-89265-100-0

Inhaltsverzeichnis

II

Vorwort

Es scheint nicht allzu schwierig zu sein, Aufgaben zur Spieltheorie und entsprechende Antworten zu formulieren. Ihre Wurzel in der Mathematik läßt auf Überschaubarkeit und Eindeutigkeit hoffen. Und ist nicht unsere Umwelt weitgehend durch „strategische Interaktionen" geprägt, die sich als Spiele formulieren lassen? Aber gerade das Zusammenwirken dieser beiden Elemente – formale Behandlung und Bezug zur Wirklichkeit – ist das Problem. Selbst einfache Fragen, die sich an der Realität orientieren, lassen sich nur selten ohne überdimensionalen mathematischen Aufwand schlüssig beantworten. In ihrem Buch „Theory of Games and Economic Behavior", das 1944 die Spieltheorie begründete, kamen John von Neumann und Oskar Morgenstern auf mehr als 600 Seiten im wesentlichen nicht über die Behandlung von Nullsummenspielen hinaus, die sehr einfache und in der Realität eher seltene strategische Situationen darstellen.

Doch auch der Analyse von Nullsummenspielen sind enge Grenzen gesetzt. Will man prüfen, daß „Schwarz" beim Schach immer gewinnt, sollte man bedenken, daß nach dem dritten Zug bereits rund 9,1 Millionen Positionen möglich sind. Dies zeigt, dass auch Spiele mit „einfachen" Spielregeln rasch so komplex werden können, dass sie sich einer spieltheoretischen Analyse, zumal im engen Rahmen einer Prüfung, entziehen. Die Fragen, die in diesem Buch behandelt werden, haben sich in verschiedenen Abwandlungen in Prüfungen bewährt: Sie erlaubten den Kandidaten unter Beweis zu stellen, daß sie wesentliche Elemente der Spieltheorie verstanden haben und auf einfache Fragestellungen anwenden konnten. Wir hoffen, daß auch Sie mit diesen Aufgaben Ihr spieltheoretisches Wissen und Können sinnvoll überprüfen können.

Die Aufgaben der Teile I und II orientieren sich an dem einführenden Text von Manfred J. Holler und Barbara Klose-Ullmann (2007), Spieltheorie für Manager, Handbuch für Strategen, 2. Aufl., München: Verlag Vahlen. Material zu Teil III, aber auch zu den Teilen I und II, finden Sie in Manfred J. Holler und Gerhard Illing (2006), Einführung in die Spieltheorie, 6. Aufl., Berlin et al.: Springer Verlag. Die Antworten zu den Fragen sind aber im vorliegenden Buch so gestaltet, daß die Lösungen auch ohne zusätzliche Lektüre verstanden werden und die Ergebnisse auf verwandte Probleme anwendbar sind. Das umfangreiche Glossar am Ende des Textes unterstützt das Erlernen der Spieltheorie mit diesem Buch.

Hamburg, den 1.2.2008

Manfred J. Holler, Martin Leroch und Nicola Maaser

Teil I   Nichtkooperative Spieltheorie

Aufgabe 1: Das Gefangenendilemma

(a) Airbus (A) und Boeing (B) nehmen auf dem Weltmarkt für Großraumflugzeuge eine so beherrschende Stellung ein, dass man von einem Duopol sprechen kann. Beide Unternehmen könnten ihre Gewinne erhöhen, indem sie kooperieren und Preisabsprachen treffen. Andererseits führt ein nicht-kooperatives Verhalten, nämlich einseitige Preissenkungen, zu Gewinnsteigerungen auf Kosten des anderen Unternehmens. Die Auszahlungen seien wie in Abbildung 1-1 dargestellt.

Kommt es zu einer Preisabsprache?

Spieler A \ B	kooperieren	nicht kooperieren
kooperieren	(8, 8)	(3, 10)
nicht kooperieren	(10, 3)	(4, 4)

Abbildung 1-1: *Preisabsprache im Duopol*

(b) Inwiefern ist das Ergebnis aus (a) unzufriedenstellend?

(c) Der Marktanteil von Airbus war in den frühen 90er Jahren deutlich kleiner als der von Boeing. Abbildung 1-2 könnte die Auszahlungen aus „Kooperation" oder „Nicht-Kooperation" für diesen Fall darstellen.

Untersuchen Sie die Matrix in Abbildung 1-2 auf Gleichgewichte und interpretieren Sie Ihr Ergebnis. Ist die dargestellte Situation ein Gefangenendilemma?

Spieler A \ B	kooperieren	nicht kooperieren
kooperieren	(8, 36)	(3, 15)
nicht kooperieren	(10, 20)	(4, 10)

Abbildung 1-2: *Preisabsprache im asymmetrischen Duopol*

Lösung:

(a) Versetzen wir uns in die Lage von A und betrachten die Auszahlungen von A für die beiden zur Verfügung stehenden Strategien „kooperieren" und „nicht kooperieren". Offenbar kann A eine höhere Auszahlung erreichen, wenn es „nicht kooperieren" wählt, und zwar unabhängig davon, wie sich B entscheidet. Hält sich B an die Preisabsprache („kooperiert"), so ist es für A besser, die Absprache zu unterlaufen; dann beträgt A's Auszahlung 10, während A bei Kooperation nur 8 erhielte. Entscheidet sich B, nicht zu kooperieren, ist es für A besser, ebenfalls nicht zu kooperieren. So erzielt A eine Auszahlung von 4, während es beim einseitigen Einhalten der Absprache nur 3 bekäme. Eine Strategie, die wie „nicht kooperieren" im vorliegenden Fall, unabhängig von der Strategiewahl des anderen Spielers vorteilhaft ist, wird als **strikt dominante Strategie** bezeichnet. Entsprechende Überlegungen für B zeigen, dass „nicht kooperieren" auch für B strikt dominant ist. Die Strategiekombination („nicht kooperieren", „nicht kooperieren") ist ein **Gleichgewicht in dominanten Strategien**, ihm entspricht das Auszahlungspaar (4, 4).

Anmerkung: Man beachte, dass hier das Preisspiel auf zwei reine Strategien „hoher Preis" und „niedriger Preis" reduziert ist. Geht man von einem Kontinuum von Preisen aus, dann haben die Spieler keine strikt dominanten Strategien: Ihre „besten Antworten" hängen dann immer davon ab, welche Preisstrategie der andere Spieler wählt.

(b) Das Gleichgewicht („nicht kooperieren", „nicht kooperieren") maximiert nicht den gemeinsamen Gewinn von A und B. Beide Unternehmen könnten sich gegenüber dem Auszahlungspaar (4, 4) verbessern, denn durch Kooperation könnten sie (8, 8) erreichen. Aus Sicht der beiden Unternehmen handelt es sich um ein **Pareto-ineffizientes Ergebnis**. Pareto-Effizienz ist erreicht, wenn die Situation eines Individuums nur noch zu Lasten eines anderen verbessert werden kann. Eine Preisabsprache, die das effiziente Ergebnis (8, 8) sichern würde, kommt aber nicht zustande oder bricht sofort zusammen, weil die individuellen Anreize zum Abweichen zu stark sind und keine Möglichkeit besteht, sich *glaubwürdig* auf die Einhaltung einer Preisabsprache zu verpflichten.

Abbildung 1-1 stellt ein **Gefangenendilemma** dar, das wohl das bekannteste Spiel in der Spieltheorie ist. Wesentlich für das Gefangenendilemma ist, dass beide Spieler über eine strikt dominante Strategie verfügen und deren Wahl zu einem *aus Sicht der Spieler ineffizienten Ergebnis* führt. Mit Hilfe des Gefangenendilemmas lässt sich eine ganze Reihe von **sozialen Fallen** beschreiben, die regelmäßig z.B. bei Klimaabkommen, Abrüstungsversprechen und der Nutzung öffentlicher Ressourcen auftreten. Wie aber unser Beispiel zeigt, muss man nicht immer „traurig" über eine Sozialfalle sein. In unserem Fall zeigt das Gleichgewicht, dass der Wettbewerb funktioniert und ein *gesamtwirtschaftlich optimales* Ergebnis zu erhoffen ist.

(c) Unternehmen B ist so groß in Bezug auf den Gesamtmarkt, dass eine einseitige Preissenkung nicht nur A's, sondern auch B's eigene Gewinne schmälern würde. Es ist zum Beispiel denkbar, dass der hohe Preis, der in der Preisabsprache vereinbart wurde, durch eine Beschränkung der auf den Markt gebrachten Mengen erreicht wurde. Erhöht Unternehmen B nun plötzlich seine Angebotsmenge, so schadet es sich durch den dadurch ausgelösten Preissturz selbst. B hat also keinerlei Anreiz, von einer Preisabsprache abzuweichen; „nicht kooperieren" ist für B keine dominante Strategie mehr. Die Situation von A ist gegenüber Abbildung 1-1 unverändert, „nicht kooperieren" ist nach wie vor eine dominante Strategie für A. Auch hier erhalten wir also ein Gleichgewicht in dominanten Strategien, nämlich („nicht kooperieren", „kooperieren"), das mit dem Auszahlungspaar (10, 20) verbunden ist.

Die Situation in Abbildung 1-2 ist kein Gefangenendilemma: Zwar verfügen beide Spieler über eine strikt dominante Strategie, das Auszahlungspaar (10, 20) ist jedoch Pareto-effizient. Keiner der beiden Spieler kann sich gegenüber dem Auszahlungspaar (10, 20) verbessern, ohne dass sich der andere Spieler verschlechtern würde.

Literatur:

Carmichael, Fiona (2005), *A Guide to Game Theory*, Harlow et al.: Prentice Hall.

Aufgabe 2: Die Mafia-Lösung

Eine Strategiekombination $s^* = (s_1^*, s_2^*, ..., s_n^*) \in S$ ist ein **Nash-Gleichgewicht**, wenn für jeden Spieler $i \in N$ die Bedingung

$$(2.1) \quad u_i(s_1^*, ..., s_i^*, ..., s_n^*) \geq u_i(s_1^*, ..., s_i, ..., s_n^*)$$

für alle Strategien s_i aus seiner Strategiemenge S_i erfüllt ist. Dabei bezeichnet $u_i(\cdot)$: S $\rightarrow \mathbb{R}$ die Auszahlungsfunktion, die jeder Strategiekombination $s \in S$ (S $= \times_{i \in I} S_i$) eine Auszahlung zuweist. Ein Nash-Gleichgewicht liegt also vor, wenn kein Spieler i einen Anreiz hat, eine alternative Strategie $s_i \neq s_i^*$ zu wählen, vorausgesetzt, dass alle anderen Spieler ihre Gleichgewichtsstrategien spielen.

(a) Prüfen Sie, ob das in Abbildung 2-1 dargestellte Spiel ein **Gefangenendilemma** ist.

Spieler 1 \ 2	s_{21}	s_{22}
s_{11}	(-3, -3)	(-8, -2)
s_{12}	(-2, -8)	(-6, -6)

Abbildung 2-1

(b) Zeigen Sie, dass jedes Gleichgewicht in dominanten Strategien ein Nash-Gleichgewicht ist.

(c) Spieler 1 und 2 in der Matrix aus Abbildung 2-1 seien zwei Untersuchungshäftlinge, denen ein gemeinschaftlich begangenes Verbrechen zur Last gelegt wird. Die Strategien s_{11} und s_{21} bedeuten, dass der jeweilige Spieler die Tat „abstreitet", s_{12} und s_{22} bedeuten, dass er „gesteht". Die Einträge in der Matrix entsprechen den Auszahlungen, die die Häftlinge aus den zu erwartenden Strafen beziehen: Falls beide die Tat leugnen, (s_{11}, s_{21}), so werden sie nur wegen minderer Delikte bestraft. Gestehen beide, (s_{12}, s_{22}), bekommen sie eine erhebliche Strafe, die mit einer Auszahlung von -6 verbunden ist. Gesteht einer, während der andere die Tat bestreitet, erhält der Kronzeuge eine kurze Haftstrafe, entsprechend einer Auszahlung von -2, während der nicht geständige Häftling zur Höchststrafe verurteilt wird, die mit einer Auszahlung von -8 verbunden ist.

Angenommen, die beiden Häftlinge sind Mitglieder der Mafia, die glaubwürdig androht, ein Geständnis durch die Ermordung eines Angehörigen des „Verräters" zu rächen. Wie wirkt sich die Mafia-Mitgliedschaft auf die Auszahlungen in Abbildung 2-1 aus? Untersuchen Sie das neue Spiel auf Gleichgewichte.

Lösung:

(a) Bei dem Spiel in Abbildung 2-1 handelt es sich um ein Gefangenendilemma. Für Spieler 1 ist s_{12} eine strikt dominante Strategie, da er unabhängig von der Wahl des Spielers 2 eine höhere Auszahlung erreichen kann als mit seiner Strategie s_{11}. Ebenso ist s_{22} eine strikt dominante Strategie für Spieler 2. Die Strategiekombination

(s_{12}, s_{22}) ist damit ein Gleichgewicht in strikt dominanten Strategien. Mit Auszahlungen (-8, -8) handelt es sich dabei aus Sicht der Spieler um ein Pareto-ineffizientes Ergebnis, denn beide würden bei der Strategiekombination (s_{11}, s_{21}) eine höhere Auszahlung erhalten. Damit liegen die beiden entscheidenden Charakteristika des Gefangenendilemmas vor.

Anmerkung: Die Strategiekombination (s_{12}, s_{22}) ist auch das einzige Nash-Gleichgewicht dieses Spiels. Weicht Spieler 1 von seiner Strategie s_{12} *einseitig* ab und spielt s_{11}, würde sich seine Auszahlung von -6 auf -8 verringern. Entsprechend verschlechtert sich Spieler 2 ebenfalls von -6 auf -8, wenn er s_{21}, Spieler 1 aber weiterhin s_{12} wählt. Offenbar kann keiner der beiden Spieler eine höhere Auszahlung erzielen, indem er einseitig von (s_{12}, s_{22}) abweicht.

(b) Die Strategie $s_i^d \in S_i$ eines Spielers i ist strikt dominant, wenn sie ihm unabhängig von der Strategiewahl der anderen Spieler eine höhere Auszahlung garantiert als jede andere Strategie $s_i' \neq s_i^d$ aus der Menge S_i der ihm zur Verfügung stehenden Strategien. Es gilt

$$(2.2) \qquad u_i(s_1, ..., s_i^d, ..., s_n) > u_i(s_1, ..., s_i', ..., s_n)$$

für alle Strategiekombinationen $(s_1, ..., s_{i-1}, s_{i+1}, ..., s_n)$ der anderen Spieler. Verfügt jeder Spieler $i \in N$ über eine dominante Strategie, so gilt insbesondere

$$(2.3) \qquad u_i(s_1^d, ..., s_i^d, ..., s_n^d) > u_i(s_1^d, ..., s_i', ..., s_n^d)$$
$$\text{für alle } s_i' \in S_i \text{ und alle } i \in N.$$

Wenn dies erfüllt ist, gilt auch Bedingung (2.1) oben und $(s_1^d, ..., s_i^d, ..., s_n^d)$ ist ein Nash-Gleichgewicht. Damit ist gezeigt, dass die Kombination dominanter Strategien stets ein Nash-Gleichgewicht ist.

Anmerkung: Die Umkehrung gilt offensichtlich nicht.

(c) Wir unterstellen, dass beide Häftlinge über den Tod eines Angehörigen sehr unglücklich wären, was hier gleichbedeutend mit einer stark negativen Auszahlung für diesen Fall ist. Eine Matrix unter Berücksichtigung der Mafia-Drohung könnte dann so aussehen wie die in Abbildung 2-2 gezeigte.

Spieler 1 \ 2	„abstreiten"	„gestehen"
„abstreiten"	(-3, -3)	(-8, -100)
„gestehen"	(-100, -8)	(-100, -100)

Abbildung 2-2: *Mafia-Lösung des Gefangenendilemmas*

Im Gegensatz zum Spiel aus Abbildung 2-1, in dem „gestehen" für beide Häftlinge die dominante Strategie war, führt die Rache der Mafia dazu, dass nun „abstreiten" für beide Häftlinge die dominante Strategie ist. Damit ist die Strategiekombination („abstreiten", „abstreiten") ein Nash-Gleichgewicht in dominanten Strategien. Es ist zudem Pareto-effizient. Bei dem Spiel in Abbildung 2-2 handelt es sich also um kein Gefangenendilemma.

Anmerkung: Die Wiederholung des Gefangenendilemma-Spiels bietet ebenfalls die Möglichkeit, den Mitspieler für unkooperatives Verhalten („gestehen") zu bestrafen. Daher kann sich bei (unendlicher) Wiederholung des Spiels das kooperative Ergebnis auch ohne Mafia einstellen.

Aufgabe 3: Das Inspection Game

Stellen Sie sich vor, Sie seien der Leiter des örtlichen Nahverkehrsbetriebes. Eines der Hauptprobleme Ihres Betriebes ist, dass die Einnahmen seit einiger Zeit immer geringer ausfallen. Sie vermuten, dass dies auf eine zunehmende Zahl an Schwarzfahrern zurückzuführen ist. Sie haben bereits vor geraumer Zeit einen Überwachungsdienst engagiert, um die Fahrgäste zu kontrollieren. Daher beschließen Sie, weitere Maßnahmen zur Bekämpfung von Schwarzfahrern einzuführen. Grundsätzlich können Sie dazu entweder die Strafen für Schwarzfahren und/oder die Prämien des Überwachungsdienstes für ertappte Schwarzfahrer erhöhen. Welche Alternativen wählen Sie, wenn Auszahlungsmatrix in Abbildung 3-1 gilt. Spieler 1 ist der „durchschnittliche Fahrgast", der zwischen Schwarzfahren und Ticket kaufen wählen kann. Spieler 2 ist der Überwachungsdienst, der die Fahrgäste kontrollieren kann oder nicht.

Spieler 1 \ 2	Kontrolle	Nicht Kontrolle
Schwarzfahren	(a,α)	(b,β)
Ticket kaufen	(c,γ)	(d,δ)

$c>a$, $b>d$, $b>a$, $c>d$ und $\alpha>\beta$, $\delta>\gamma$, $\alpha>\gamma$, $\delta>\beta$.

Abbildung 3-1: *Das Inspection Game*

(a) Berechnen Sie das Nash-Gleichgewicht und die Maximinlösung für das Spiel in Abbildung 3-1. Unterstellen Sie dabei, dass die Fahrgäste mit einer Wahrscheinlichkeit p schwarzfahren und die Kontrolleure mit einer Wahrscheinlichkeit q kontrollieren werden.

(b) Wie hoch sind die Nutzenwerte im Nash-Gleichgewicht und bei der Maximinlösung?

(c) Untersuchen Sie, wie sich Änderungen der Auszahlungen a und α auf die Gleichgewichtsstrategien auswirken. Interpretieren Sie die Ergebnisse.

Lösung:

(a) Abbildung 3-1 zeichnet sich dadurch aus, dass es keine Nash-Gleichgewichte in reinen Strategien hat. Somit gibt es kein Paar reiner Strategien, das wechselseitig beste Antworten beinhaltet. Kaufen sich alle Fahrgäste ein Ticket, so wäre es für den Überwachungsdienst die beste Strategie nicht zu kontrollieren. Kontrolliert der Überwachungsdienst aber nicht, dann ist es für die Fahrgäste optimal schwarz zu fahren. Fahren die Passagiere schwarz ist es wiederum für den Überwachungsdienst optimal zu kontrollieren, worauf die Passagiere wieder mit Ticket kaufen antworten würden. Das Spiel „dreht sich im Kreis". Nun hat Nash (1950) aber bewiesen, dass jedes **endliche Spiel** über mindestens ein Gleichgewicht verfügen muss. Da für das vorliegende Spiel, das endlich ist, keines in reinen Strategien existiert, muss es eines in gemischten Strategien geben.

Um das Gleichgewicht in gemischten Strategien zu finden, wird unterstellt, dass die Spieler ihre jeweiligen reinen Strategien mit einer bestimmten Wahrscheinlichkeit spielen. Wie in der Aufgabenstellung erwähnt, gilt für die Fahrgäste, dass sie mit einer Wahrscheinlichkeit p schwarzfahren, während der Überwachungsdienst mit einer Wahrscheinlichkeit q kontrolliert. Man kann sich diesen Sachverhalt derart vorstellen, dass ein „durchschnittlicher Fahrgast" modelliert wird, ebenso wie ein „durchschnittlicher Kontrolleur". Es werden also quasi-statistische Werte ermittelt.

Das Nash-Gleichgewicht ist derart definiert, dass kein Spieler einen Anreiz hat, von seiner Gleichgewichtsstrategie abzuweichen, gegeben die Gleichgewichtsstrategie des anderen. Seien p^* und q^* die jeweiligen Gleichgewichtsstrategien für die Fahrgäste und die Kontrolleure, so bedeutet dies, dass:

(3.1) $\quad u_1(p^*, q^*) \geq u_1(p, q^*)$ für alle $p \in [0,1]$ und

(3.2) $\quad u_2(p^*, q^*) \geq u_2(p^*, q)$ für alle $q \in [0,1]$.

Bedingung (3.1) ist erfüllt, wenn der Erwartungsnutzen für Spieler 1 aus seinen beiden reinen Strategien gleich hoch ist. Jede Mischung seiner reinen Strategien liefert ihm dann ebenfalls den gleichen Erwartungswert. Somit gilt:

(3.3) $\quad qa + (1-q)b = qc + (1-q)d$

Hieraus folgt: $q^* = \dfrac{d-b}{a-b-c+d}$.

Analog ist Bedingung (3.2) erfüllt, wenn Spieler 2 zwischen seinen reinen Strategien indifferent ist.

(3.4) $\quad p\alpha + (1-p)\gamma = p\beta + (1-p)\delta$

Hieraus folgt: $\quad p^* = \dfrac{\delta - \gamma}{\alpha - \beta - \gamma + \delta}$.

Somit fahren im Nash-Gleichgewicht (p^*, q^*) die Fahrgäste mit der Wahrscheinlichkeit p^* schwarz und die Kontrolleure kontrollieren mit Wahrscheinlichkeit q^*. Beachten Sie, dass die gleichgewichtigen Wahrscheinlichkeiten von den Auszahlungen des jeweils *anderen* Spielers abhängen.

Dies ist im Fall der Maximinlösung anders. Hier versuchen die Spieler eine Auszahlung zu erreichen, die unabhängig von der Entscheidung des anderen Spielers ist. Die Spieler werden dann jene Strategie wählen, durch die sie sich die höchste „sichere" Auszahlung sichern können, also unabhängig von der Entscheidung des anderen Spielers sind. Daher der Name „maximin" – maximiere das Minimum.

Unterstellen Sie dazu, dass die Spieler ihre Strategien wiederum mit den Wahrscheinlichkeiten p und q spielen. Betrachten wir zunächst den Kontrolleur. Sein Gegenüber, der Fahrgast, kann entweder schwarzfahren oder sich ein Ticket kaufen. Fährt er schwarz, hat der Kontrolleur einen Erwartungswert von $q\alpha + (1-q)\beta$. Kauft sich der Fahrgast hingegen ein Ticket, so ist die erwartete Auszahlung des Kontrolleurs $q\gamma + (1-q)\delta$. Damit sich der Kontrolleur nun eine Auszahlung sichern kann, die unabhängig davon ist, welche Strategie der Fahrgast wählt, muss diese entsprechende Auszahlung in beiden möglichen Fällen die gleiche sein. Somit muss gelten:

(3.5) $\quad q\alpha + (1-q)\beta = q\gamma + (1-q)\delta$

Hieraus folgt: $q^+ = \dfrac{\delta - \beta}{\alpha - \beta - \gamma + \delta}$

Durch analoges Vorgehen erhält man für den Fahrgast die Bedingung:

(3.6) $pa + (1-p)c = pb + (1-p)d$.

Hieraus folgt: $p^+ = \dfrac{d-c}{a-b-c+d}$

Somit ist die Maximinlösung

$$(p^+, q^+) = (\frac{d-c}{a-b-c+d}, \frac{\delta - \beta}{\alpha - \beta - \gamma + \delta}) \ .$$

Beachten Sie, dass die jeweiligen Wahrscheinlichkeiten der Maximinlösung durch die *eigenen* Auszahlungen bestimmt werden - im Unterschied zum Nash-Gleichgewicht, bei dem die Wahrscheinlichkeiten durch die Auszahlungen des jeweils anderen bestimmt waren.

(b) Für die Berechnung der Nutzenwerte ist es hilfreich, sich eine besondere Eigenschaft der Gleichgewichte zunutze zu machen. Es handelt sich dabei um die sogenannte Indifferenzbedingung, die wir bereits in Aufgabe (a) ausgebeutet hatten. Diese besagt, dass die Spieler bei der Wahl ihrer gemischten Strategien indifferent zwischen den beiden reinen Strategien sind, da diese den gleichen Erwartungsnutzen liefern. Wie in Aufgabe (a) gesehen, muss im Nash-Gleichgewicht für Spieler 1 Gleichung (3.3) gelten. Nimmt

man nun beispielsweise die linke Seite von Gleichung (3.7) und
setzt für q das in (a) ermittelte q^*, so erhält man

$$(3.7) \qquad u_1(q^*) = q^* a + (1 - q^*)b = \frac{ad - bc}{a - b - c + d}.$$

Aus der Bedingung (3.4) erhält man unter Einsetzen des optimalen
$p=p^*$:

$$(3.8) \qquad u_2(p^*) = p^* \alpha + (1 - p^*)\gamma = \frac{\alpha\delta - \beta\gamma}{\alpha - \beta - \gamma + \delta}.$$

Analog kann man für die Ermittlung der Nutzenwerte der Maximinlösung vorgehen. Auch hier hat man die Indifferenzbedingung gegeben. Somit erhält man für Spieler 2 unter Verwendung
von Gleichung (3.5):

$$(3.9) \qquad u_2(q^+) = \frac{\alpha\delta - \beta\gamma}{\alpha - \beta - \gamma + \delta}$$

Für Spieler 1 erhält man unter Verwendung von Gleichung (3.6):

$$(3.10) \qquad u_1(p^+) = \frac{ad - bc}{a - b - c + d}$$

Vergleicht man die Nutzenwerte der Maximinlösung mit denen
des Nash-Gleichgewichts, so stellt man fest, dass $u_1(p^*, q^*) =$
$u_1(p^+, q^+)$ und $u_2(p^*, q^*) = u_2(p^+, q^+)$ gilt. Es spielt also für die Nutzenwerte keine Rolle, nach welchem Konzept die Spieler ihr Verhalten bestimmen. Es muss allerdings darauf hingewiesen werden,
dass den beiden Konzepten sehr unterschiedliche Verhaltensan-

nahmen zugrunde liegen. Auf diese wird in Aufgabe (c) näher eingegangen.

(c) Während sich die gleichgewichtigen Wahrscheinlichkeiten p^* und q^* im Nash-Gleichgewicht durch die Auszahlungen des jeweils anderen bestimmt haben, war dies bei der Maximinlösung nicht der Fall. Dieses Ergebnis ist nun von einiger Bedeutung. Werden beispielsweise die Auszahlungen der Kontrolleure geändert, ist zu erwarten, dass dies bei der Maximinlösung einen Einfluss auf die Häufigkeit der Kontrollen hat. Beim Nash-Gleichgewicht sollte dies hingegen einen Einfluss auf die Häufigkeit von Schwarzfahrern haben, und nicht – wie vielleicht zu erwarten – auf die Häufigkeit von Kontrollen.

Betrachten wir zunächst das Nash-Gleichgewicht:

$$(p^*, q^*) = (\frac{\delta - \gamma}{\alpha - \beta - \gamma + \delta}, \frac{d - b}{a - b - c + d}).$$

Die erste Ableitung von q^* nach a ist positiv, während die erste Ableitung von p^* nach α negativ ist. Das bedeutet, dass eine Erhöhung der „Fangprämie" für Kontrolleure die Wahrscheinlichkeit von Schwarzfahren, p, verringert. Ein erhöhter Kontrollaufwand wird dadurch allerdings nicht bewirkt. Umgekehrt gilt, wenn die Strafen für Schwarzfahren erhöht werden, sich also a verringert, reduziert sich die Wahrscheinlichkeit auf einen Kontrolleur zu treffen. Paradoxerweise hat die Erhöhung der Strafen somit keinen direkten Einfluss auf die Häufigkeit des Schwarzfahrens, aber es verringert die Häufigkeit der Kontrollen. Dies ist doch ein ziemlich „eigenartiges" Ergebnis!

Anders hingegen bei der Maximinlösung:

$$(p^+, q^+) = (\frac{d-c}{a-b-c+d}, \frac{\delta-\beta}{\alpha-\beta-\gamma+\delta}).$$

Hier ist die erste Ableitung von p^+ nach a positiv bzw. die von q^+ nach α negativ. Im Unterschied zum Nash-Gleichgewicht hat aber nun die Änderung der Fangprämie einen direkten Einfluss auf die Anzahl der Kontrollen. Allerdings taucht in diesem Fall ein anderes Paradox auf: Die Häufigkeit von Kontrollen steigt nicht, sondern sie fällt! Dies erklärt sich dadurch, dass bei der Maximinlösung unterstellt wurde, dass sich die Spieler eine bestimmte Auszahlung sichern, unabhängig davon, was der jeweils andere für eine Strategie spielt. Im Falle des Kontrolleurs war dies durch die Gleichung (3.5), $q\alpha + (1-q)\beta = q\gamma + (1-q)\delta$, ausgedrückt. Durch eine Erhöhung von α vergrößerte sich nun der Wert der linken Seite. Der Wert der rechten Seite bliebe unverändert. Um dennoch die Gleichheit zu erreichen, bleibt nur eine Veränderung von q. Da per Annahme $\alpha > \gamma$ und $\delta > \beta$, muss q verringert werden, um den Effekt einer Erhöhung von α auszugleichen.

Analog ist die Erklärung für den Effekt einer Änderung der Strafen. Werden diese erhöht, so reduziert sich a und die Wahrscheinlichkeit auf einen Schwarzfahrer zu treffen erhöht sich.

Beim Nash-Gleichgewicht müssen die Spieler sich darauf „verlassen", dass der jeweils andere Spieler seine Nash-Strategie spielt. Anders bei der Maximinlösung. Hier verhalten sich die Spieler derart, dass sie sich unabhängig vom Verhalten des anderen einen bestimmten Nutzen sichern können. Das Nash-Gleichgewicht des Inspection Game ist nicht strikt. Das bedeutet, dass sich ein Spieler durch einseitiges Abweichen vom Gleichgewicht nicht schlechter stellt. Die beiden reinen Strategien, und folglich auch jede Mischung aus ihnen, liefert den Spielern denselben Nutzen, gegeben der andere spielt seine Nash-Strategie. Es besteht also kein

Anreiz dafür, dass ein Spieler seine Nash-Strategie wählen sollte, falls er erwartet, dass der andere sein Nash-Gleichgewicht wählt. Diese Tatsache stellt einen schwerwiegenden Einwand gegen die Anwendung des Nash-Gleichgewichtes dar.

Aufgabe 4: Sequentielles Spiel

(a) Analysieren Sie den Spielbaum in Abbildung 4-1 in Bezug auf Nash-Gleichgewichte und Teilspielperfektheit.

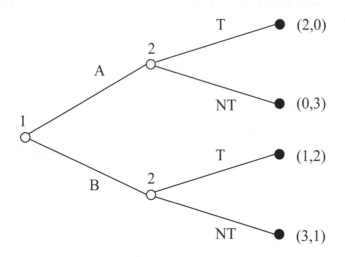

Abbildung 4-1: *Spielbaum*

(b) Gehen Sie von dem Spiel in Abbildung 4-1 aus und nehmen Sie nun an, die Spieler würden simultan entscheiden. Stellen Sie diese Situation in einer Spielmatrix dar und bestimmen Sie deren Nash-Gleichgewichte sowie die sich daraus ergebenden Auszahlungen.

(c) Definieren Sie die Begriffe „perfekte Information" und „vollständige Information" und wenden Sie diese Konzepte auf die vorangegangenen Spiele an. Gehen Sie dabei auch auf die Rolle der Information für das Ergebnis des Spiels ein.

Lösung:

(a) Das Spiel in Abbildung 4-1 ist **sequentiell**. Zuerst wird Spieler 1 entweder Strategie A oder B spielen. Spieler 2 kann diese Entscheidung beobachten und entscheidet dann zwischen Strategie T und NT. An jedem der drei Entscheidungsknoten (die leeren Knoten) in Abbildung 4-1 beginnt ein eigenes Teilspiel. Allgemein beginnt ein (echtes) Teilspiel immer an einem solchen Knoten. Die Informationsmenge an diesem Knoten darf allerdings nur ein Element haben: Der jeweilige Spieler muss genau wissen, „wo" er sich befindet. Mit anderen Worten, es muss **perfekte Information** vorliegen (siehe Aufgabe (c)). Die Knoten, bei denen sich Spieler 2 entscheiden muss, definieren solche Teilspiele. Aber auch das gesamte Spiel, beginnend im Ursprung (Knoten 1), ist ein Teilspiel. Somit besteht das Spiel aus drei Teilspielen.

Jedes Teilspiel hat ein Gleichgewicht. Nehmen wir z.B. an, Spieler 1 spielt A. Wir befinden uns also im „oberen rechten" Teilspiel, das im oberen Knoten 2 beginnt. Für Spieler 2 wäre die optimale Strategie in diesem Fall NT, weil er sich damit 3 Nutzeneinheiten sichern kann, gegenüber 0 bei der Wahl von T. Anders in dem Fall, dass Spieler 1 B wählt. Hier würde Spieler 2 Strategie T wählen, und sich somit 2 Nutzeneinheiten sichern. Somit gelten als Gleichgewichte der Teilspiele die Strategienkombinationen {(A, NT), (B, T)}. Betrachtet man das gesamte Spiel, also das Teilspiel, das im Ursprung beginnt, so stellt sich heraus, dass das Gleichgewicht (B, T) gewählt wird. Spieler 1 sieht voraus, wie sich Spieler 2 verhalten würde und kann somit entscheiden, ob er sich 0 Nutzeneinheiten aus der Wahl von Strategie A oder 1 Nutzeneinheit aus der Wahl der Strategie B sichern will. Als rationaler Spieler wird er sich für die letztere Strategie entscheiden. Das Gleichgewicht (B, T) nennt man auch **teilspielperfekt**.

Doch ist (B, T) wirklich ein Gleichgewicht? Wählt Spieler 2 Strategie T, so ist die beste Antwort von Spieler 1 die Wahl von A. Betrachten wir den Fall also etwas genauer. Um teilspielperfekte Gleichgewichte zu finden, müssen alle Teilspiele auf ihr jeweiliges Gleichgewicht hin untersucht werden. Dies wird bei (endlichen) sequentiellen Spielen mittels **Rückwärtsinduktion** getan. Das bedeutet, dass man von den möglichen Auszahlungen ausgeht, den Baum also „rückwärts" entlang geht. Spieler 1 fragt sich, welche Strategie würde Spieler 2 in der letzten Periode machen, wenn er (Spieler 1) vorher A wählte. In unserem Beispiel würde Spieler 2 NT wählen, wie wir bereits festgestellt haben. Die Entscheidung von Spieler 2 lautet folglich „wähle NT, wenn A", $(NT|A)$. Sollte Spieler 1 Strategie B wählen, so würde Spieler 2 mit Strategie T antworten: $(T|B)$. Ferner gibt es für Spieler 2 noch die Entscheidungen $(NT|B)$ und $(T|A)$.

Beachten Sie, dass eine Strategie ein „Entscheidungsplan" für alle Entscheidungssituationen ist, also auch für diejenigen, die nicht plausibel sind, oder nicht gespielt wurden. Eine Strategie muss genau definieren, was man in welchem möglichen Fall macht. Um seine Strategie zu definieren muss Spieler 2 für die Entscheidung $(NT|A)$ noch bestimmen, was er tun würde, sollte Spieler 1 Strategie B wählen. Diese „Verknüpfung" stellt eine **bedingte Strategie** dar. Für die Entscheidung $(NT|A)$ gibt es somit zwei Strategien: $\{(NT|A),(NT|B)\}$ und $\{(NT|A),(T|B)\}$.

Man kann nun alle bedingten Strategien und deren resultierende Auszahlungen in eine Matrix übertragen. (So wie in Abbildung 4-2.) Diejenige Strategiekombination, bei der es für keinen Spieler optimal ist, bei einem beliebigen Teilspiel von ihr abzuweichen, ist das gesuchte teilspielperfekte (Nash-)Gleichgewicht.

Generell gilt, dass jedes teilspielperfekte Gleichgewicht ein Nash-Gleichgewicht ist. Die Umkehrung gilt allerdings nicht: Es gibt Nash-Gleichgewichte, die nicht teilspielperfekt sind. Es gilt ferner, dass jedes Spiel über mindestens ein teilspielperfektes Gleichgewicht verfügt. In diesem Beispiel ist es die Strategienkombination $\{B; (NT|A), (T|B)\}$, die zu einer Auszahlung von (1,2) führen wird.

Spieler 2 1	(T|A, T|B)	(T|A, NT|B)	(NT|A, T|B)	(NT|A, NT|B)
A	2,0	2.0	0,3	0,3
B	1,2	3,1	1,2	3,1

Abbildung 4-2: *Bedingte Strategien*

(b) Da in obigem Spiel zwei Spieler mit jeweils zwei Strategien aufeinander treffen, kann man die entsprechende simultane Entscheidungssituation leicht in **Matrixform** bzw. **Normalform** darstellen.

Das Spiel in Abbildung 4-3 verfügt über kein Nash-Gleichgewicht in reinen Strategien. Nehmen Sie z.B. an, Spieler 1 würde Strategie A wählen. Dann würde Spieler 2 Strategie NT spielen. Dann wäre es aber wiederum für Spieler 1 optimal B zu spielen, in welchem Fall Spieler 2 Strategie T wählen würde. Die Situation „dreht sich im Kreis". Keine Strategienkombination ist für beide Spieler gleichzeitig optimal. Es gibt immer einen Spieler, der einen Anreiz hat, eine andere Strategie zu wählen. Nash (1951) hat aber bewiesen, dass es für ein derartiges, endliches Spiel ein

Gleichgewicht geben muss. In diesem Fall muss also ein Nash-Gleichgewicht in gemischten Strategien existieren.

Spieler 2 1	T	NT
A	(2,0)	(0,3)
B	(1,2)	(3,1)

Abbildung 4-3: *Normalform*

Bei gemischten Strategien wird unterstellt, dass die Spieler mit einer gewissen Wahrscheinlichkeit, die zwischen 0 und 1 liegt, eine bestimmte Strategie wählen. Im Ergebnis wird im Nash-Gleichgewicht diejenige Wahrscheinlichkeitskombination ausgewählt, bei der die Spieler indifferent zwischen ihren reinen Strategien sind. Dann nämlich kann sich keiner der Spieler dadurch besser stellen, dass er eine andere Strategie wählt. Veranschaulichen wir diesen Sachverhalt anhand des Spieles in Abbildung 4-3. Nehmen Sie an, Spieler 1 spielt mit Wahrscheinlichkeit p die Strategie A und mit Wahrscheinlichkeit (1-p) Strategie B. Spieler 2 wählt mit Wahrscheinlichkeit q Strategie T und mit Wahrscheinlichkeit (1-q) Strategie NT.

Ein Nash-Gleichgewicht ist durch folgende Bedingungen charakterisiert:

(4.1) $u_1(p^*,q^*) \geq u_1(p,q^*)$ für alle $p \in [0,1]$ und

(4.2) $u_2(p^*,q^*) \geq u_2(p^*,q)$ für alle $q \in [0,1]$.

p^* und q^* stellen hierbei die gleichgewichtigen Strategien der Spieler 1 und 2 dar. Die Spieler müssen also, bei gegebener Gleichgewichtsstrategie des anderen, einen mindestens so hohen Nutzen aus ihrer Gleichgewichtsstrategie erzielen, wie aus jeder beliebigen anderen. Das heißt zum Beispiel, dass sich Spieler 1 durch die Wahl einer Strategie $p \neq p^*$ nicht verbessern kann, gegeben q^*. Bedingung (4.1) ist erfüllt, wenn für q^* die folgende Gleichung gilt:

(4.3) $q2 + (1-q)0 = q + (1-q)3$

Für q^* muss somit $q^* = 0{,}75$ gelten.

Analog ist Bedingung (4.2) erfüllt, wenn gilt:

(4.4) $p0 + (1-p)2 = p3 + (1-p)$

Daraus folgt $p^* = 0{,}25$.

Für die Berechnung der Nutzen, die sich aus dem teilspielperfekten Gleichgewicht ergeben, lässt sich die soeben verwendete Indifferenzbeziehung ausbeuten. Man kann nun einfach in die linke (oder rechte) Seite von Gleichung (4.3) den vorher errechneten Wert von q^* einsetzen und erhält dann $u_1(p^*, q^*) = 1{,}5$. Analog kann man für Spieler 2 vorgehen. Setzt man in die linke oder rechte Seite von Gleichung (4.4) ebenfalls das optimale p^* ein, so erhält man $u_2(p^*, q^*) = 1{,}5$.

(c) Verfügen die Spieler über **vollständige Information**, wissen sie um die „Struktur des Spieles". Sie kennen die den Spielern zur Verfügung stehenden Strategien und die möglichen Auszahlungen sowie die „Regeln des Spiels", also welcher Spieler wann seine Strategie wählt. Jeder Spieler könnte somit einen dem Spiel entsprechenden Spielbaum oder eine entsprechende Spielmatrix erstellen. Ferner wissen die Spieler bei vollständiger Information auch, dass die Mitspieler über die gleiche Information verfügen, und dass diese wissen, dass alle anderen Spieler wissen, dass sie über diese Information verfügen. Zudem wird in der Regel unterstellt, dass alle Spieler rational handeln und dass diese allen anderen Spielern rationales Verhalten unterstellen. Angewandt auf die beiden vorliegenden Spiele bedeutet dies, dass in beiden Fällen die Spieler über vollständige Information verfügen. Beide Spieler wissen um die Matrix bzw. den Spielbaum und gehen davon aus, dass der andere Spieler diese ebenfalls kennt und rational handelt.

Verfügen die Spieler über **perfekte Information**, dann sind den Spielern auch die vorangegangenen Züge der anderen Spieler bekannt. Es kommt also weitere Information zur vollständigen Information hinzu. Bildlich gesprochen wissen die Spieler bei perfekter Information in welchem Knoten des Spielbaums sie sich befinden. Angewandt auf die obigen Beispiele bedeutet dies, dass der Spielbaum aus Teilaufgabe (a) perfekte Information ausdrückt. Spieler 2 weiß in jedem Knoten, welche Strategie Spieler 1 gewählt hat. Für den Fall simultaner Strategiewahl, der in Teilaufgabe (b) gegeben war, trifft dies nicht zu. Hier weiß kein Spieler, welche Strategie der andere gewählt hat, bevor er seine eigene Strategie wählt. Dies wird deutlich, wenn man die Spielmatrix in extensiver Form darstellt, wie in Abbildung 4-4 geschehen. Die gestrichelte Linie zwischen den beiden Knoten des Spielers 2 impliziert, dass

dieser nicht weiß, in welchem Knoten er sich befindet: Er weiß
nicht, wie sich Spieler 1 entschieden hat.

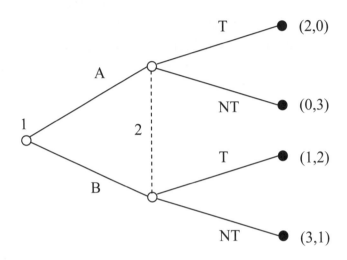

Abbildung 4-4: *Spielbaum mit nicht-perfekter Information*

Man kann perfekte Information auch durch das Konzept der
Informationsmenge beschreiben. Eine Informationsmenge beinhaltet alle „Entscheidungsknoten" (also Ereignisse) die für die jeweiligen Spieler nicht unterscheidbar sind. Verfügen die Spieler
über perfekte Information, so beinhalten die Informationsmengen
nur jeweils ein Element (siehe Spielbaum in Abbildung 4-1 oben).

Aus den gegebenen Spielen ist ersichtlich, dass der Information eine entscheidende Bedeutung für das Ergebnis eines Spiels Γ
zukommt. Ein Spiel wird durch Γ=(N,S,u,I,R) vollständig dargestellt. N stellt dabei die Menge der Spieler dar, u die Nutzenfunktionen, I die Informationsmenge und R die Spielregeln. S ist der
Strategienraum, die Menge aller Strategienkombinationen, die sich

aus den Strategienmengen $s_1,\ldots,s_n$ bilden lassen. Anhand der oben diskutierten Beispiele wird aber deutlich, dass auch die reduzierte Darstellung $\Gamma = (N,S,u)$ eine vollständige Darstellung des Spiels ist. Dies begründet sich dadurch, dass der Strategienraum S die Informationen und Spielregeln enthält. Durch den Wechsel von sequentiellen zu simultanen Entscheidungen ging Information „verloren" (vgl. Abbildung 4-2 und Abbildung 4-3). Dadurch hat sich auch die Strategiemenge geändert. So war es in Aufgabe (a) für Spieler 2 möglich, bedingte Strategien zu definieren. In Aufgabe (b) war dies nicht mehr möglich, weil er nicht wusste, auf was er seine Entscheidung „bedingen" soll. Durch diesen Informationsverlust hat sich auch das Spiel und somit das Ergebnis verändert.

Literatur:

Nash, J. F. (1951), Non-cooperative Games, *Annals of Mathematics* **54**, 286-295.

Aufgabe 5: Das Inspection Game mit sequentieller Struktur

Nehmen Sie (wie in Aufgabe 3) an, Sie seien der Leiter des örtlichen Nahverkehrsbetriebes. Sie wollen aufgrund zurückgehender Einnahmen die Zahl der Schwarzfahrer verringern und haben für diesen Zweck einen Überwachungsdienst engagiert. Die sind wie in Abbildung 5-1 gegeben. Spieler 1 steht hierbei für die Fahrgäste, Spieler 2 für den Überwachungsdienst.

(a) Bestimmen Sie die Nash-Gleichgewichte und die Maximinlösung sowie die jeweiligen Nutzenwerte der Spieler.

(b) Unterstellen Sie nun, dass der Überwachungsdienst wiederholt auf die Fahrgäste trifft. Unterstellen Sie ferner, dass die Fahrgäste das Kontrollverhalten beobachten können. Welche Strategie wird der Überwachungsdienst verfolgen? Gehen Sie dabei davon aus, dass sich die Spieler gemäß ihren Nash-Strategien verhalten.

Spieler 1 \ Spieler 2	q Kontrolle	$(1-q)$ Nicht Kontrolle
p Schwarzfahren	(-1,1)	(0,0)
$(1-p)$ Ticket kaufen	(0,0)	(-6,1)

Abbildung 5-1: *Das Inspection Game*

Lösung:

(a) Das in Abbildung 5-1 dargestellte Spiel verfügt über kein Nash-Gleichgewicht in reinen Strategien. Somit muss es über mindestens eines in gemischten Strategien verfügen. Für die Berechnung der Gleichgewichte in gemischten Strategien sei unterstellt, dass die Fahrgäste mit Wahrscheinlichkeit p schwarzfahren und der Überwachungsdienst mit Wahrscheinlichkeit q kontrolliert. Das Nash-Gleichgewicht in gemischten Strategien, (p^*, q^*), ist wie folgt definiert.

(5.1) $u_1(p^*, q^*) \geq u_1(p, q^*)$ für alle $p \in [0,1]$ und

(5.2) $u_2(p^*, q^*) \geq u_2(p^*, q)$ für alle $q \in [0,1]$.

Ungleichung (5.1) impliziert, dass Spieler 2 zwischen seinen reinen Strategien indifferent ist. Somit gilt:

(5.3) $p1 + (1-p)0 = p0 + (1-p)1$

Hieraus folgt, dass $p^* = 0{,}5$.

Analog impliziert Ungleichung (5.2), dass Spieler 1 zwischen seinen reinen Strategien indifferent ist, also:

(5.4) $q(-1) + (1-q)0 = q0 + (1-q)(-6)$

Hieraus folgt, dass $q^* = 6/7$.

Für die Berechnung der Nutzenwerte lässt sich die soeben verwendete Indifferenzbedingung erneut ausbeuten. Setzen wir q^* bspw. in die linke Seite von Gleichung (5.4) ein, so lässt sich ersehen, dass der Nutzenwert von Spieler 1 aus dem Nashgleichgewicht in gemischten Strategien $-6/7$ ist. Durch analoges Vorgehen lässt sich aus Gleichung (5.3) ersehen, dass Spieler 2 einen Nutzenwert von 0,5 erhält.

Bei der Maximinlösung wird unterstellt, dass die Spieler sich eine bestimmte Auszahlung sichern wollen, unabhängig davon, welche Strategie der andere wählt. Die Auszahlung ist dann unabhängig vom Verhalten des anderen Spielers, wenn die Erwartungswerte der beiden Strategien gleich sind. Für Spieler 1 muss somit gelten

$$(5.5) \qquad p(-1) + (1-p)0 = p0 + (1-p)(-6)$$

Hieraus folgt, dass $p^+ = -6/7$.

Wiederum analoges Vorgehen für Spieler 2 liefert

$$(5.6) \qquad q1 + (1-q)0 = q0 + (1-q)1,$$

woraus folgt, dass $q^+ = 0,5$.

Beutet man die Indifferenzbedingung für die Berechnung der Nutzenwerte in der Maximinlösung erneut aus, so sieht man anhand Gleichung (5.5), dass Spieler 1 sich in der Maximinlösung einen Nutzen in Höhe von $-6/7$ sichern kann. Mittels Gleichung (5.6) lässt sich ersehen, dass Spieler 2 sich einen Nutzen in Höhe von 0,5 sichern kann. Es fällt also auf, dass die Spieler die gleichen Nutzen wie im Nash-Gleichgewicht erzielen. Allerdings sind die Verhaltensannahmen sehr unterschiedlich. Während beim Nash-Gleichgewicht vom jeweils anderen Spieler ausgegangen wurde, versuchten die Spieler sich bei der Maximinlösung eine bestimmte Auszahlung zu sichern, unabhängig davon, welche Strategie der andere Spieler wählt.

(b) Können die Fahrgäste beobachten, wie häufig kontrolliert wird, können sie ihre „beste Antwort" spielen. Um einen besseren Einblick in den Sachverhalt zu bekommen, ist es hilfreich, sich eine graphische Darstellung der „besten Antworten" anzusehen, bspw. wie in Abbildung 5-2. $BA_1(q)$ bezeichnet dabei die Punktmenge der besten Antworten von Spieler 1, den Fahrgästen, auf eine gegebene Kontrollhäufigkeit. $BA_2(p)$ bezeichnet die Punktmenge der besten Antworten von Spieler 2, den Kontrolleuren, auf eine gegebene Häufigkeit von Schwarzfahrern.

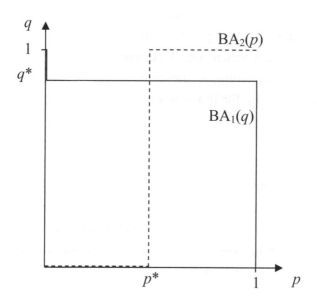

Abbildung 5-2: *Beste-Antwort-Korrespondenzen*

Wenn ein Spieler seine Strategien mit den gleichgewichtigen Nash-Wahrscheinlichkeiten spielt, ist es für den anderen egal mit welchen Wahrscheinlichkeiten er seine Strategien mischt. (Diese Indifferenzbeziehung hatten wir bereits für die Berechnung des

Nash-Gleichgewichts benutzt.) Weicht einer der beiden Spieler allerdings von seiner Nash-Strategie ab, so ergibt sich ein anderes Ergebnis. Betrachten den Überwachungsdienst. Weicht dieser von q^* „nach unten" ab, spielt er also $q' = q^*- \varepsilon$, so ist es für die Fahrgäste optimal, $p = 1$ zu spielen falls ε groß genug ist, von den Fahrgästen wahrgenommen zu werden. Spielen die Fahrgäste $p = 1$, so erhält der Überwachungsdienst eine Auszahlung in Höhe von

$$(5.7) \qquad u_1(q', p = 1) = q'(-1) + (1 - q')0 = -q'.$$

Weicht der Überwachungsdienst hingegen von q^* „nach oben" ab, spielt er also $q' = q^*+ \varepsilon$, so werden die Fahrgäste $p = 0$ spielen. Wiederum muss aber ε groß genug sein, um von den Fahrgästen beobachtet werden zu können. Der Überwachungsdienst kann also durch minimale Abweichungen diejenige Strategie aufseiten der Fahrgäste induzieren, die für ihn von Vorteil ist. Im Falle der Erhöhung von q würde der Überwachungsdienst einen Nutzen in Höhe von

$$(5.8) \qquad u_1(q', p = 0) = q'0 + (1 - q')(1) = 1 - q'$$

erhalten. Da $u_1(q', p = 1) < u_1(q', p = 1)$, sollte der Überwachungsdienst die Wahrscheinlichkeit der Kontrollen ein wenig (aber beobachtbar) über q^* hinaus erhöhen.

Aufgabe 6: Markteintrittsspiel

(a) Diskutieren Sie die Nash-Gleichgewichte des folgenden sequentiellen Spiels.

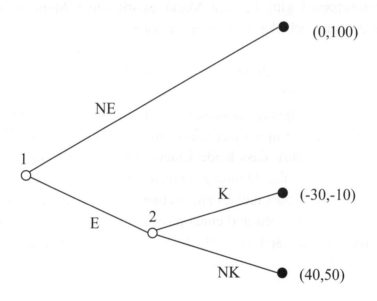

Abbildung 6-1: *Markteintrittsspiel*

(b) Unterstellen Sie nun, dass die Spieler simultan entscheiden. Formulieren Sie die Matrix, die unter dieser Annahme dem Spielbaum entspricht und prüfen Sie, ob

1. das Spiel über ein Gleichgewicht in gemischten Strategien verfügt

2. das Spiel über ein trembling-hand-perfektes Gleichgewicht verfügt.

Lösung:

(a) Ein **sequentielles Spiel** bedeutet, dass die Spieler nacheinander ihre Entscheidungen treffen. Wenn sie *alle* vorangehenden Entscheidungen kennen, liegt perfekte Information vor. Beim Markteintrittsspiel gilt: Ein am Markt existierender Monopolist, Spieler 2, sieht sich der Gefahr eines potentiellen Konkurrenten, Spieler 1, gegenüber. Sollte Spieler 1 nicht in den Markt eintreten, dann kann Spieler 2 nach wie vor den Monopolgewinn erwirtschaften. Tritt Spieler 1 hingegen in den Markt ein, stehen Spieler 2 zwei Optionen zur Verfügung: zu kämpfen (K) oder nicht zu kämpfen (NK). Mit Kampf ist in der Regel eine drastische Preissenkung gemeint, die dazu führt, dass beide Unternehmen einen Verlust erleiden. Dies stellt die Drohung seitens des Monopolisten dar. Kämpft der Monopolist nicht, dann werden sich die beiden Unternehmen den Markt teilen und einen positiven Gewinn erwirtschaften. Dieser wird für Spieler 2 allerdings geringer ausfallen als der Monopolgewinn. Dies wäre beispielsweise bei einem Cournot-Gleichgewicht der Fall.

Ist die Drohung des Monopolisten mit Kampf (K) glaubwürdig oder nicht? Wie bei sequentiellen Spielen (mit vorhersehbarem Ende) üblich, kann diese Frage mittels **Rückwärtsinduktion** beantwortet werden. Spieler 1 wird sich fragen, wie Spieler 2 entscheiden wird, wenn er Strategie E bzw. NE wählt. Betrachten wir dazu die möglichen Auszahlungen für den Monopolisten in der letzten Runde des Spiels. Offensichtlich ist für ihn der Fall, dass Spieler 1 nicht in den Markt eintritt am besten. Er würde dann den Monopolgewinn von 100 Einheiten erzielen. Somit wird er versuchen, Spieler 1 davon zu überzeugen, dass er tatsächlich die Strategie K wählen wird, sollte Spieler 1 in den Markt eintreten. Spieler 2 selbst würde in diesem Fall einen Verlust in Höhe von 10 Einheiten machen. Wählte er im Falle des Markteintritts von Spieler 1 hingegen die „friedliche" Strategie NK, würde er einen Gewinn von 50 Einheiten machen. Es wäre somit für ihn unter der Zielsetzung der Gewinnmaximierung nicht rational, im Falle eines Markteintritts zu kämpfen. Spieler 1 könnte somit die **Drohung** seitens des Monopolisten als nicht glaubwürdig bzw. **leer** einstufen und würde tatsächlich in den Markt eintreten. Die Strategiekombination (E, NK) stellt also wechselseitig beste Antworten dar, und somit ein Nash-Gleichgewicht. Keine der Parteien kann sich besser stellen, gegeben die Strategie des anderen.

Unter der Annahme, dass sich Spieler 2 rational verhält, reduziert sich der Spielbaum auf die in Abbildung 6-2 beschriebene Form. Die Entscheidung von Spieler 1 für E ist dann nahe liegend. Ein Vergleich der Abbildungen 6-1 und 6-2 zeigt die Wirkung von Rückwärtsinduktion unter der Annahme rationalen Verhaltens.

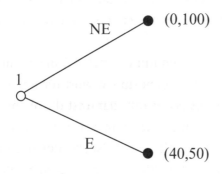

Abbildung 6-2: *Reduzierte Form des Markteintrittsspiels*

Das Gleichgewicht (E, NK) ist nicht nur ein Nash-Gleichgewicht, sondern auch ein **teilspielperfektes Gleichgewicht**. Ein (echtes) Teilspiel stellt eine Entscheidungssituation im „Gesamtspiel" dar, bei der perfekte Information vorliegt. Das bedeutet, dass die Spieler genau wissen, an welchem Entscheidungsknoten (leere Knoten im Spielbaum) eines Spielbaums sie sich befinden. Dies ist in unserem Beispiel in jedem Knoten, also in 1 und in 2, der Fall.

Ein teilspielperfektes Gleichgewicht ist dann gegeben, wenn die im Ursprung gewählten Strategien auch in allen Teilspielen wechselseitig beste Antworten beinhalten. Es hat somit im Verlauf des Spiels kein Spieler einen Anreiz, von seiner Strategie abzuweichen. Bei teilspielperfekten Gleichgewichten gibt es keine leeren Drohungen. Bei leeren Drohungen hat nämlich der Drohende in der Situation, die er eigentlich verhindern wollte, keinen Anreiz, seine Drohung wahr zu machen.

Es gibt im Spiel in Abbildung 6-1 neben dem teilspielperfekten Nash-Gleichgewicht (E, NK) noch das Nash-Gleichgewicht (NE, K). Dies scheint auf den ersten Blick ein wenig irritierend, da in diesem Beispiel Spieler 2 für den Fall NE gar nicht entscheiden muss. Strategien aber sind Pläne. Erst die Züge sind deren Realisation. Das bedeutet, dass Strategien geplante Entscheidungen für alle möglichen Situationen festlegen. Wenn nun Spieler 2 die Strategie K wählt, dann ist die Wahl von NE die beste Antwort für Spieler 1. Wenn aber Spieler 1 die Strategie NE wählt, dann ist die Wahl von K eine beste Antwort (wenn auch nicht die einzige). Somit stellt die Strategiekombination (NE, K) ebenfalls ein Nash-Gleichgewicht dar, weil sich kein Spieler durch die Wahl einer anderen Strategie besser stellen kann. Hingegen ist (NE, NK) kein Gleichgewicht: Für den Fall, dass Spieler 2 Strategie NK wählt ist E die beste Strategie für Spieler 1.

(b) Der Spielbaum in Abbildung 6-1 in **extensiver Form** lässt sich
relativ einfach in **Matrixform** (auch **Normalform** genannt) über-
führen. Abbildung 6-3 ist eine adäquate Darstellung, wenn simultane Entscheidungen unterstellt werden.

Spieler 1 \ Spieler 2	NK	K
NE	(0,100)	(0,100)
E	(40,50)	(-30,-10)

Matrix 6-3: *Markteintrittsspiel*

Anmerkung: Auch wenn in der Aufgabenstellung nicht danach ge-
fragt ist, so lassen sich die Gleichgewichte in reinen Strategien
doch relativ einfach ermitteln. Wählt Spieler 2 die Strategie NK,
dann würde Spieler 1 mit E antworten. Spielt Spieler 1 Strategie E,
dann ist es für Spieler 2 optimal, NK zu wählen. (E, NK) stellt somit ein Nash-Gleichgewicht dar. Wählt Spieler 1 Strategie NE, so
ist Spieler 2 indifferent zwischen seinen beiden reinen Strategien,
jedoch ist NE nur für die Strategie K die beste Antwort seitens
Spieler 1. Daher stellt (NE, K) ein zweites Nash-Gleichgewicht in
reinen Strategien dar. Bei simultanen Entscheidungen scheint die
Wahl von K somit weniger „problematisch" als bei sequentiellen
Entscheidungen.

1. Bei (echt-)gemischten Strategien wird unterstellt, dass die Spieler ihre reinen Strategien jeweils mit einer bestimmten Wahrscheinlichkeit wählen, die von 0 und 1 verschieden ist. Nehmen wir an, dass Spieler 1 die Strategien NE und E mit Wahrscheinlichkeit p und $(1-p)$ wählt. Für Spieler 2 unterstellen wir, dass er die Strategien NK und K mit Wahrscheinlichkeit q und $(1-q)$ wählt.

Ein Nash-Gleichgewicht ist dann durch folgende Bedingungen charakterisiert:

(6.1) $u_1(p^*,q^*) \geq u_1(p,q^*)$ für alle $p \in [0,1]$ und

(6.2) $u_2(p^*,q^*) \geq u_2(p^*,q)$ für alle $q \in [0,1]$.

p^* und q^* stellen hierbei die gleichgewichtigen Strategien der Spieler 1 und 2 dar. Die Spieler müssen also, bei gegebener Gleichgewichtsstrategie des anderen, einen mindestens so hohen Nutzen aus ihrer Gleichgewichtsstrategie erzielen, wie aus jeder beliebigen anderen. Das heißt zum Beispiel, dass sich Spieler 1 durch die Wahl einer Strategie $p \neq p^*$ nicht verbessern kann, gegeben q^*. Bedingung (1) ist erfüllt, wenn für q^* die folgende Gleichung gilt:

(6.3) $q0 + (1-q)0 = q40 + (1-q)(-30)$

Hieraus folgt: $q^* = 3/7$.

Beachten Sie, dass diese Bedingung bedeutet, dass Spieler 1 indifferent zwischen seinen Strategien NE und E und damit auch jeder Mischung dieser beiden Strategien ist. Somit kann sich Spieler 1 auch nicht durch die Wahl einer anderen Strategie als p^* verbessern, wenn Spieler 2 seine Gleichgewichtsstrategie q^* wählt. q^* stellt also die beste Antwort von Spieler 2 auf die Strategien von Spieler 1 dar, der wiederum auf q^* seine beste Antwort spielt, nämlich p^*.

Analog gilt, dass Bedingung (6.2) erfüllt ist, wenn für $p*$ gilt:

(6.4) $p100 + (1-p)50 = p100 + (1-p)(-10)$

Hieraus folgt: $p* = 1$.

Spieler 2 ist indifferent zwischen seinen beiden Strategien NK und K, wenn Spieler 1 die Strategie NE mit Wahrscheinlichkeit $p*$ = 1 wählt. (Natürlich hätte man dieses Ergebnis auch ohne Berechnung aus Abbildung 6-3 erkennen können.)

Das Nash-Gleichgewicht in gemischten Strategien besteht also in der Situation, dass Spieler 1 mit Wahrscheinlichkeit 1 die Strategie NE, und Spieler 2 mit Wahrscheinlichkeit $3/7$ die Strategie NK wählt: $(p*, q*) = (1, 3/7)$

2. (E, NK) und (NE, K) sind die beiden Nash-Gleich-gewichte in reinen Strategien. Die beiden Gleichgewichte scheinen aber nicht gleich „plausibel". Besteht nur eine geringe Wahrscheinlichkeit ε, dass Spieler 1 Strategie E wählt, dann ist es für Spieler 2 immer besser, Strategie NK zu wählen. Spielt Spieler 1 hingegen NE, so ist Spieler 2 indifferent zwischen NK und K. Strategie K wird von Strategie NK **schwach dominiert**. Es ist für Spieler 2 nie besser K statt NK zu wählen, aber es gibt Situationen, in denen es für ihn besser ist, NK statt K zu wählen.

Ein Lösungskonzept, schwach dominierte Strategien auszuselektieren, stellt das sogenannte **trembling-hand-perfekte Gleichgewicht** dar. Hierbei wird angenommen, dass ein Spieler gelegentlich „Fehler" bei seiner Strategiewahl machen kann. Spieler 1 könnte beispielsweise beabsichtigen, Strategie NE zu spielen, jedoch mit einer kleinen (Fehler-)Wahrscheinlichkeit ε die Strategie E wählen. Er „zittert" gewissermaßen bei der Auswahl seiner Strategie. Damit ist es für Spieler 2 immer besser NK zu spielen. Das Gleichgewicht (NE, K) ist also nicht trembling-hand perfekt. Die folgende formale Analyse soll das Prinzip veranschaulichen. Im vorliegenden Fall könnte man sich aber auf die obige Überlegung beschränken.

Formale Analyse: Falls Spieler 1 unterstellt, dass Spieler 2 „zittert", so ergeben sich, ausgehend vom Gleichgewicht (NE, K) die folgenden Erwartungswerte:

$$(6.5) \quad u_1(E) = \varepsilon \cdot 40 + (1 - \varepsilon)(-30) = 70\varepsilon - 30$$

$$(6.6) \quad u_1(NE) = \varepsilon \cdot 0 + (1 - \varepsilon)0 = 0$$

Vergleicht man die beiden Erwartungswerte, so stellt man fest, dass für ε-Werte, die größer als $3/7$ sind, die Strategie E für Spieler 1 vorteilhaft ist. Für kleine ε-Werte zieht Spieler 1 die Strategie NE vor. Da ε eine „Fehlerwahrscheinlichkeit" ist, seine Werte also „sehr klein" sein sollten, ist das Gleichgewicht (NE, K) aus Sicht von Spieler 1 trembling-hand-perfekt. Für Spieler 2 gilt jedoch, dass für ihn Strategie NK immer besser ist, wenn Spieler 1 Strategie E mit einer Wahrscheinlichkeit von ε > 0 spielt. Dann ist nämlich der Erwartungswert aus der Strategie NK größer als der aus Strategie K. Somit kann (NE,K) kein trembling-hand-perfektes Gleichgewicht sein.

Dies legt nahe, dass (E, NK) das trembling-hand-perfekte Gleichgewicht ist. Für die erwarteten Nutzen der Strategien NE und E gelten für Spieler 1, wenn Spieler 2 mit der Wahrscheinlichkeit ε von Strategie NK abweicht, folgende Gleichungen.

$$(6.7) \quad u_1(E) = (1 - \varepsilon)40 + \varepsilon(-30) = 40 - 70\varepsilon$$

$$(6.8) \quad u_1(NE) = (1 - \varepsilon)0 + \varepsilon \cdot 0 = 0$$

Folglich gilt, dass für ε-Werte, die größer als $4/7$ sind, der Erwartungsnutzen für Spieler 1 aus der Wahl von Strategie E ebenfalls größer ist. Somit gilt wiederum, dass für kleine ε die Strategie E gewählt werden würde. Wir hatten bereits gesehen, dass für Spieler 2 die Strategie NK immer einen höheren Erwartungswert als K liefern wird, wenn Spieler 1 mit einer Wahrscheinlichkeit $\varepsilon > 0$ von NE abweicht. Daher erfüllt das Gleichgewicht (E, NK) aus der Sicht von Spieler 2 die Bedingung für Trembling-Hand-Perfektheit. Ein Vergleich der Gleichungen (6.5)-(6.8) zeigt, dass man immer für die Strategie, die dem untersuchten Gleichgewicht entspricht, eine Wahrscheinlichkeit $1-\varepsilon$ unterstellt, wenn der entsprechende Spieler über zwei reine Strategien verfügt. Für die zweite Strategie wird eine Wahrscheinlichkeit ε angesetzt, selbst dann, wenn sie Bestandteil eines anderen Gleichgewichts ist

Aufgabe 7: Nash-Gleichgewicht und Erwartungsnutzen

Diskutieren Sie anhand der Auszahlungsmatrix in Abbildung 7-1 den Zusammenhang zwischen der Maximierung des Erwartungsnutzens und dem Gleichgewicht in gemischten Strategien.

(a) Berechnen Sie die entsprechenden Gleichgewichtsstrategien und skizzieren Sie die „Reaktionsfunktionen" (Beste-Antwort-Korrespondenzen) der Spieler.

(b) Vergleichen Sie das Ergebnis in (a) mit der Maximierung des Erwartungsnutzens und interpretieren Sie den Zusammenhang, der sich aus diesem Vergleich ergibt.

		q	$1-q$
Spieler	2	s_{21}	s_{22}
p	s_{11}	(3,1)	(2,6)
$1-p$	s_{12}	(1,3)	(4,2)

Abbildung 7-1: *Auszahlungsmatrix*

Lösung:

(a) Wie aus Abbildung 7-1 zu ersehen ist, verfügt das Spiel über kein Gleichgewicht in reinen Strategien. Da es aber mindestens ein Gleichgewicht geben muss, muss dieses in gemischten Strategien sein. Unterstellen wir, dass Spieler 1 seine Strategie s_{11} mit Wahrscheinlichkeit $p \in (0,1)$ spielt und Strategie s_{12} mit Wahrscheinlichkeit $(1-p)$. Für Spieler 2 gelte, dass er Strategie s_{21} mit Wahrscheinlichkeit $q \in (0,1)$ und Strategie s_{22} mit $(1-q)$ spielt. Dann ist ein Gleichgewicht definiert als derjenige Vektor (p^*, q^*), für den gilt:

(7.1) $\quad u_1(p^*,q^*) \geq u_1(p,q^*)$ und

(7.2) $\quad u_2(p^*,q^*) \geq u_2(p^*,q)$.

Bedingung (7.1) ist erfüllt, wenn Spieler 1 zwischen seinen beiden reinen Strategien s_{11} und s_{12} indifferent ist. Er ist dann auch zwischen allen Mischungen derselben indifferent. Es gilt also die Indifferenzbedingung:

(7.3) $\quad q3+(1-q)2 = q1+(1-q)4$.

Diese Gleichung ist für $q^* = 0,5$ erfüllt.

Analog ist Bedingung (7.2) erfüllt, wenn Spieler 2 indifferent zwischen seinen reinen Strategien s_{21} und s_{22} ist:

(7.4) $\quad p1+(1-p)3 = p6+(1-p)2$.

Diese Gleichung ist für $p^* = 1/6$ erfüllt. Damit ist $(p^*,q^*) = (1/6, 1/2)$ das Nash-Gleichgewicht.

Die Beste-Antworten-Korrespondenzen (BA) bzw. „Reaktionsfunktionen" sind wie in Abbildung 7-2 skizziert. (Die Abbildung zeigt, dass die skizzierten Kurven keine Funktionen im eigentlichen Sinne abbilden.) Gemäß den Gleichungen (7.3) und (7.4) sind die Spieler bei (p^*, q^*) jeweils zwischen ihren reinen Strategien und somit auch allen Mischungen daraus indifferent. Für den Fall, dass ein Spieler von (p^*, q^*) abweicht, ist es für den anderen Spieler optimal, eine reine Strategie zu wählen.

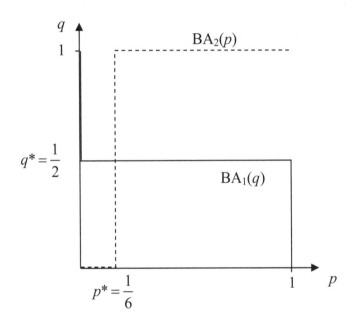

Abbildung 7-2: *Beste-Antworten-Korrespondenzen*

(b) Unterstellen wir nun, dass Spieler 1 seinen Erwartungsnutzen maximiert. Dieser ist definiert als:

(7.5) $u_1 = pq3 + p(1-q)2 + (1-p)q1 + (1-p)(1-q)4$

Ein Maximum von u_1 setzt voraus, dass die erste (partielle) Ableitung nach p gleich null ist:

(7.6) $\quad \dfrac{\partial u_1}{\partial p} = q3 + (1-q)2 - q1 - (1-q)4 = 0$.

Die Bedingung (erster Ordnung für ein Maximum) von (7.5) ist für $q^* = 0{,}5$ erfüllt.

Analoges Vorgehen für Spieler 2 liefert

(7.7) $\quad u_2 = pq1 + (1-p)q3 + p(1-q)6 + (1-p)(1-q)2$ und

(7.8) $\quad \dfrac{\partial u_2}{\partial q} = p + (1-p)3 - 6p - (1-p)2 = 0$.

Aus (7.8) folgt: $p^* = 1/6$.

Interessanterweise liefert die Nutzenmaximierung also dieselben p- und q-Werte wie das Nash-Gleichgewicht. Allerdings ist die Implikation hinter diesen Ergebnissen eine andere. Beim Nash-Gleichgewicht wurde die Lösung auf den jeweils anderen Spieler „konditioniert": Die Gleichgewichtswahrscheinlichkeiten wurden nicht ausgewählt, weil sie anderen Wahrscheinlichkeiten (strikt) vorgezogen wurden, sondern um sicherzustellen, dass der andere Spieler eine gemischte Strategie wählen wird. In Abbildung 7-2 ist dieser Sachverhalt dadurch ausgedrückt, dass die Beste-Antworten-Korrespondenzen bei den Gleichgewichtswerten der Wahrscheinlichkeiten zwischen den Werten im Intervall (0,1) parallel zu den Achsen verlaufen. Ist ein Spieler zwischen seinen reinen Strategien indifferent, so ist er in diesem Fall auch zwischen allen Mischungen seiner reinen Strategien indifferent. Somit ist auch die gleichgewichtige Mischung in der Menge der gemischten Strategien, zwischen denen er indifferent ist, enthalten. Dadurch, dass auch dem anderen Spieler diese Logik unterstellt wird, wird in diesem Beispiel genau ein Punkt (p^*, q^*) wechselseitig bester Antworten selektiert. Würde einer der Spieler von (p^*, q^*) abweichen, wäre, wie in Abbildung 7-1 zu ersehen ist, eine reine Strategie für den jeweils anderen die beste Antwort.

Bei der Nutzenmaximierung ist die Grundidee eine andere. Hier wurde der optimale Wert dadurch ermittelt, dass man von der Optimierung des eigenen Nutzens ausgeht. Nur für die Gleichgewichtswerte p^* und q^* können sich die Spieler nicht mehr verbessern.

Allerdings resultierte aus dem Maximierungskalkül der Spieler keine eindeutige Strategie für sie selber. Dies liegt daran, dass die Erwartungsnutzen linear in den Wahrscheinlichkeiten sind und die Handlungsparameter, für Spieler 1 das q und für Spieler 2 das q, bei der Ableitung nach diesen Variablen „rausfällt".[1] Die Ableitung von u_1 nach p, $\partial u_1 / \partial p$, hängt nicht von p ab, und q^* sorgt dafür, dass $\partial u_1 / \partial p = 0$ gilt. Das drückt aus, dass u_1 für q^* eine Konstante ist. Dieses Resultat bestätigt ein zentrales Ergebnis, dass wir für das Nash-Gleichgewicht in gemischten Strategien ableiten: Die Gleichgewichtsstrategie q^* des Spielers 2 „fixiert" den Auszahlungswert des Spielers 1 auf das Niveau u_1^*. Entsprechendes gilt für p^* und u_2^*. Weicht ein Spieler von seinem Gleichgewichtswert ab, so ist es für den anderen Spieler optimal, eine reine Strategie zu wählen. Aus Abbildung 7-2 ist beispielsweise zu ersehen, wie sich Spieler 1 verhalten sollte, wenn $q \neq q^*$. Ist $q = 1$, gilt also $q > q^*$, dann sollte Spieler 1 Strategie s_{11} mit der Wahrscheinlichkeit $p = 1$ wählen.

---

[1] Die Linearität ist auch der Grund dafür, dass die Nutzenmaximierung das gleiche Ergebnis liefert wie das Nash-Gleichgewicht.

Formal lässt sich dies dadurch sehen, dass der erwartete Nutzen für diesen Fall eine in p steigende Funktion ist:

(7.9) $u_1(p, q = 1) = 3p + (1 - p)$.

Hieraus folgt, dass $\dfrac{\partial u_1(p, q = 1)}{\partial p} = 2 > 0$.

Ist umgekehrt $q = 0$, also $q < q^*$, dann sollte er s_{11} mit der Wahrscheinlichkeit $p = 0$ wählen, da

(7.10) $u_1(p, q = 0) = 2p + (1 - p)4$,   und somit

$$\frac{\partial u_1(p, q = 0)}{\partial p} = -2 < 0.$$

Da Ableitungen höheren Grades aber immer gleich null sind, lässt sich aus diesen nicht ermitteln, ob es sich um ein Nutzenmaximum oder –minimum handelt, oder um einen Wendepunkt. Betrachten wir für diese Frage die „Randlösungen". Der Nutzen sinkt, ausgehend von $q < q^*$ mit der Erhöhung von p und steigt im Bereich $q > q^*$ mit der Erhöhung von p wieder an. Für den Fall, dass $q = q^*$ ist der Nutzen den Spieler 1 erzielen kann unabhängig von p, wie wir bereits gesehen haben. Somit handelt es sich bei dem gefundenen Extremwert um ein Minimum aus Sicht des Spielers 1.

Aufgabe 8: Perser gegen Skythen

(a) Der griechische Geschichtsschreiber und Völkerkundler *Herodot von Halikarnassos* (ca. 484 v. Chr. – 425 v. Chr.) berichtet im 4. Buch seiner *Historien* vom Feldzug des Perserkönigs *Dareios* gegen die Skythen, ein Reitervolk, das vor allem nördlich des Schwarzen Meeres lebte. In seinem Buch *„Meine Reisen mit Herodot"* schildert *Ryszard Kapuściński*, wie die gewaltige persische Armee unter Dareios zu den Gebieten der Skythen zieht:

> Die erste Brücke befahl [Dareios] über den Bosporus zu schlagen. Er saß auf seinem Thron und schaute zu, wie seine Armee über diese Brücke marschierte. Die zweite Brücke schlug er über die Donau. Diese Brücke befahl er abzubrechen, nachdem die Armee darüber geschritten war, doch einer seiner Befehlshaber, ein gewisser Koës [..] flehte ihn an, das nicht zu tun: „Herr, du bist im Begriff, in ein Land zu ziehen, wo man keine Kornfelder und keine Städte zu sehen bekommt. Laß also die Brücke nur ruhig stehen und sie von den Leuten bewachen, die sie über den Strom geschlagen haben; dann können wir, wenn es uns glückt, die Skythen zu finden, über sie wieder abziehen, und wenn wir sie nicht finden können, wenigstens unseren Abzug mit Sicherheit bewerkstelligen." Dieser Koës sollte sich als Prophet erweisen. Dareios befiehlt, die Brücke einstweilen stehen zu lassen, und zieht weiter.

Diskutieren Sie Koës' Rat anhand des Spielbaums in Abbildung 8-1. Zunächst entscheidet sich Dareios (D) zwischen dem Abbrechen der Brücke (a) und Stehenlassen (¬a). Die Skythen (S) entscheiden sich dann, ob sie Widerstand leisten (w) oder sich kampflos ergeben (¬w). Falls die Skythen Widerstand leisten, entscheiden die

Perser, ob sie entschlossen kämpfen (k) oder sich zurückziehen (¬k) wollen. Die Auszahlungen von Dareios seien als Π_D und die der Skythen als Π_S bezeichnet. Die Auszahlungen werden stets in der Form (Π_D, Π_S) angegeben.

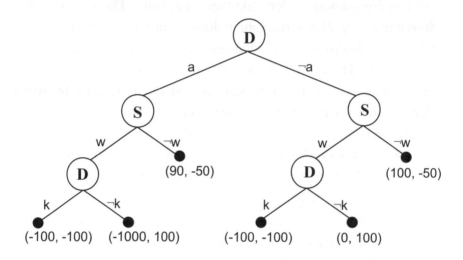

Abbildung 8-1: *Dareios' Entscheidung*

(b) Nehmen Sie nun an, dass die Skythen Dareios' Entscheidung nicht beobachten können. Wie ist der Spielbaum zu ergänzen, um den neuen Informationsbedingungen gerecht zu werden? Beschreiben Sie die Nash-Gleichgewichte.

Lösung:

(a) Abbildung 8-1 illustriert die Entscheidungssituation von Perserkönig Dareios und den Skythen. Es handelt sich um ein Spiel mit

perfekter Information, d.h. alle Spieler spielen sequentiell und jeder Spieler beobachtet alle vorangegangenen Züge.

Falls Dareios im ersten Entscheidungsknoten ¬a wählt, wird das „rechte" Teilspiel gespielt, d.h. das Teilspiel, das im rechten Entscheidungsknoten der Skythen beginnt. Dieses ist zum Markteintrittsspiel aus Aufgabe 6 äquivalent. Die Skythen nehmen hier die Rolle des Unternehmens ein, das in den Markt einzutreten beabsichtigt. Die Perser entsprechen dem etablierten Unternehmen. Das Teilspiel auf der linken Seite des Spielbaums entsteht, wenn Dareios sich im ersten Zug entscheidet, die Brücke abzubrechen. Es unterscheidet sich vom rechten Teilspiel in erster Linie in der Auszahlung für die Perser, die sich aus (w, ¬k) ergibt. Die Perser erleiden große Verluste, wenn sie nicht entschlossen kämpfen und wegen der abgebrochenen Brücke keine Möglichkeit zur schnellen Flucht vor den Skythen haben. Daher beträgt ihre Auszahlung hier -1000 gegenüber einer Auszahlung von 0, wenn ihnen der rasche Rückzug möglich ist. Außerdem erhalten die Perser im Falle (¬a, ¬w) eine höhere Auszahlung als im Falle (a, ¬w), nämlich 100 gegenüber 90, da sie hier Kosten für den Wiederaufbau der Brücke zu tragen haben. Dies mag zunächst den Eindruck erwecken, das rechte Teilspiel sei dem linken vorzuziehen, Dareios solle die Brücke also lieber stehenlassen.

Lösen wir zunächst das linke Teilspiel mittels **Rückwärtsinduktion**: Zwischen k und ¬k entscheidet sich D für k, da er hier eine Auszahlung von -100 erreicht, während ¬k zu einer Auszahlung von -1000 führt. Diese Entscheidung der Perser antizipierend ist es für die Skythen optimal, ¬w zu spielen, da sie eine Auszahlung von -50 der Auszahlung von -100 vorziehen. Das linke Teilspiel ergibt also für Dareios die Auszahlung $\Pi_D = 90$ und für die Skythen die Auszahlung $\Pi_S = -50$.

Lösen wir nun das rechte Teilspiel ebenfalls durch Rückwärts-induktion: Falls die Skythen w spielen, ist für Dareios ¬k optimal. Gegeben, dass Dareios ¬k wählt, ist für die Skythen w optimal. (w, ¬k) ist daher ein Nash-Gleichgewicht. Wenn wir das rechte Teil-spiel in **Normalform** (Matrix 8-2) analysieren, zeigt sich, dass ne-ben (w, ¬k) auch (¬w, k) ein Nash-Gleichgewicht ist. Entschlossen zu kämpfen ist für die Perser nicht optimal, falls die Skythen Wi-derstand leisten. Allerdings ist dies für das Nash-Gleichgewicht (¬w, k) irrelevant, weil die Skythen eben keinen Widerstand lei-sten. Dennoch ist dieses Gleichgewicht nicht überzeugend: Die Drohung, entschlossen zu kämpfen, falls die Skythen Widerstand leisten, ist nicht glaubwürdig. Wenn es darauf ankommt, liegt es nicht im Interesse der Perser, die Kampfandrohung wahr zu ma-chen. (¬w, k) ist kein **teilspielperfektes Gleichgewicht** innerhalb des rechten Teilspiels (vgl. dazu auch die Lösung zu Aufgabe 6(a)). Das plausible Ergebnis (w, ¬k) dieses Teilspiels ist mit den Aus-zahlungen $\Pi_D = 0$ und $\Pi_S = 100$ verbunden.

Spieler S ⟋ D	¬w	w
k	(100, -50)	(-100, -100)
¬k	(100, -50)	(0, 100)

Matrix 8-2: *Das rechte Teilspiel in Normalform*

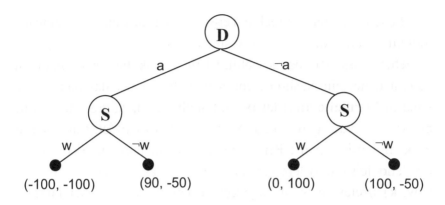

Abbildung 8-3: *Dareios' vereinfachte Entscheidung*

Abbildung 8-3 stellt die Entscheidungssituation von Dareios unter Berücksichtigung dieser Erkenntnisse dar. Hier wird deutlich, dass Dareios' optimaler Zug im ersten Entscheidungsknoten darin besteht, die Brücke abzubrechen. Damit haben wir das einzige **teilspielperfekte Nash-Gleichgewicht** des Spiels gefunden, es lautet $(\sigma_{D1}, \sigma_S, \sigma_{D2})$, wobei $\sigma_{D1} = a$,

$$\sigma_S = \begin{cases} \text{spiele } \neg w \text{ falls D a gespielt hat} \\ \text{spiele } w \text{ falls D } \neg a \text{ gespielt hat} \end{cases}$$

und

$$\sigma_{D2} = \begin{cases} \text{spiele } k \text{ falls D a und S w gespielt hat} \\ \text{spiele } \neg k \text{ falls D } \neg a \text{ und S w gespielt hat.} \end{cases}$$

Beachten Sie, dass Strategien vollständige Handlungspläne sind und auch Handlungsanweisungen für solche Situationen enthalten, in die ein Spieler aufgrund seiner vorhergehenden Züge nicht gelangen kann. Der Vollständigkeit halber sei bemerkt, dass neben dem teilspielperfekten Nash-Gleichgewicht noch zwei weitere

Nash-Gleichgewichte existieren, bei denen die Skythen zwischen w und ¬w randomisieren.

Durch den Abbruch der Brücke legen sich die Perser glaubhaft auf einen entschlossenen Kampf fest, während das Stehenlassen der Brücke ihnen eine Rückzugsmöglichkeit offenhält, die ihre Kampfbereitschaft untergräbt. Der Wert der **glaubwürdigen Selbstbindung** an k beträgt 90, nämlich die Differenz zwischen der Auszahlung für die Perser im linken und der im rechten Teilspiel.

Die „Brücken hinter sich abbrechen" ist eine insbesondere in der Militärgeschichte häufig praktizierte Form der glaubwürdigen Selbstbindung. So ließ z.B. *Hernán Cortés* nach Ankunft der spanischen Konquistadoren in Mexiko seine Schiffe verbrennen.

(b) Abbildung 8-4 zeigt die Entscheidungssituation von Perserkönig Dareios, wenn die Skythen nicht beobachten können, ob die Brücke abgebrochen wurde oder nicht. Es handelt sich nun um ein Spiel unter **imperfekter** (oder nicht-perfekter) **Information**. In Abbildung 8-4 wird dies durch die gestrichelte Linie wiedergegeben: Sie verbindet die beiden Entscheidungsknoten der Skythen zu einer **Informationsmenge**.

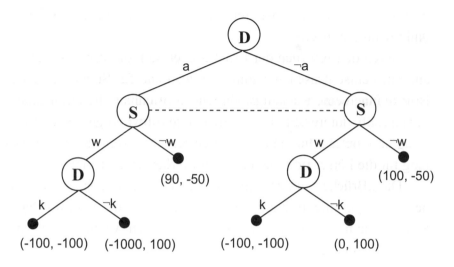

Abbildung 8-4: *Dareios' Entscheidung unter imperfekter Information*

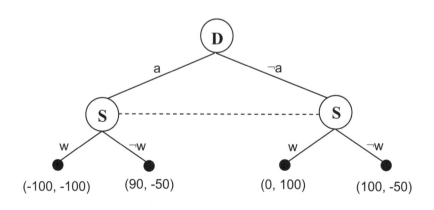

Abbildung 8-5: *Dareios' vereinfachte Entscheidung unter imperfekter Information*

Abbildung 8-5 ist wiederum eine vereinfachte Version von Abbildung 8-4. Sie berücksichtigt, dass auf Widerstand der Skythen ein entschlossener Kampf der Perser folgt, falls die Brücke abgebrochen wurde, und dass sich die Perser bei Widerstand zurückziehen, falls die Brücke nicht abgebrochen wurde.

Das vereinfachte Spiel ist äquivalent zu dem in Matrix 8-6 dargestellten Normalformspiel. Die Skythen treffen ihre Entscheidung über Widerstand oder kampfloses Aufgeben, ohne zu wissen, ob die Perser die Brücke abgebrochen haben oder nicht. Daher können wir die Entscheidung von Dareios über a bzw. ¬a und die der Skythen über w bzw. ¬w als gleichzeitige Entscheidungen betrachten.

Spieler S D	w	¬w
a	(-100, -100)	(90, -50)
¬a	(0, 100)	(100, -50)

Matrix 8-6: *Normalform des Spiels unter imperfekter Information*

Aus Matrix 8-6 erkennt man, dass ¬a jetzt eine strikt dominante Strategie für Dareios ist. König Dareios kann sich nicht sicher sein, dass die Skythen vom Abbruch der Brücke wissen und muß deshalb fürchten, dass sie Widerstand leisten könnten. Das einzige Nash-Gleichgewicht lautet damit (σ_{D1}, σ_S, σ_{D2}), wobei $\sigma_{D1} = \neg a$,

$$\sigma_S = \begin{cases} \text{spiele w falls D } \neg a \text{ gespielt hat} \\ \text{spiele } \neg w \text{ falls D a gespielt hat} \end{cases}$$

und

$$\sigma_{D2} = \begin{cases} \text{spiele } \neg k \text{ falls D } \neg a \text{ und S w gespielt hat} \\ \text{spiele k falls D a und S w gespielt hat.} \end{cases}$$

Die Auszahlungen betragen $\Pi_D = 0$ und $\Pi_S = 100$. Ein Vergleich der Ergebnisse der Teilaufgaben (a) und (b) zeigt, wie wichtig es ist, dass der Gegner von der glaubwürdigen Selbstbindung erfährt. „Eine Selbstbindung, die man nicht kennt, kann man auch nicht glauben."

Literatur:

Kapuściński, R. (2005), *Meine Reisen mit Herodot,* Frankfurt: Eichborn.

Aufgabe 9: Newcombs Problem

(a) Analysieren Sie den folgenden Spielbaum in Bezug auf Nash-Gleichgewichte.
  Hinweis: ¬m drückt „nicht m" aus.

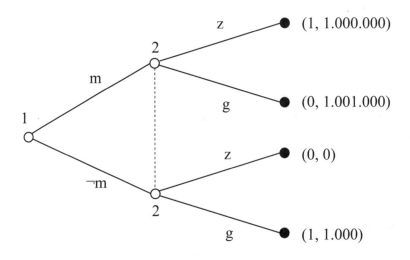

Abbildung 9-1

(b) Analysieren Sie den folgenden Spielbaum in Bezug auf Nash-Gleichgewichte.

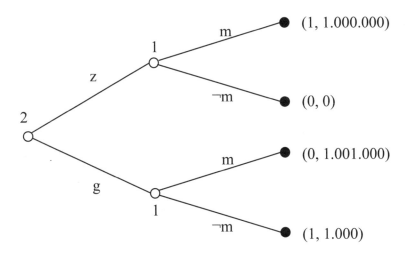

Abbildung 9-2

(c) Stellen Sie sich folgende Entscheidungssituation vor: Spieler 2 kann zwischen zwei Kisten wählen, von denen eine durchsichtig ist und 1.000 Euro enthält, die andere aber undurchsichtig ist. Spieler 2 kann entscheiden, ob er gierig ist und beide Kisten nimmt (g) oder sich mit der *undurchsichtigen* Kiste zufriedengibt (z). Der Inhalt der undurchsichtigen Kiste wird von Spieler 1 bestimmt, der aufgrund übernatürlicher Fähigkeiten die Entscheidung von Spieler 2 im Vorhinein *unfehlbar* vorhersagen kann. Spieler 1 legt vor Spieler 2's Zug 1.000.000 Euro in die undurchsichtige Kiste (m), falls er vorhersagt, dass Spieler 2 nur diese nehmen wird. Falls Spieler 1 vorhersieht, dass Spieler 2 beide Kisten nehmen wird, legt er kein Geld in die undurchsichtige Kiste (¬m). Spieler 2 weiß um die Fähigkeiten von Spieler 1. Der Nutzen von Spieler 2 steigt streng monoton im monetären Gewinn, für Spieler 1 zählt nur die

korrekte Vorhersage. Entspricht diese Entscheidungssituation eher
Abbildung 9-1 oder Abbildung 9-2? Begründen Sie.

Lösung:

(a) Der Spielbaum beschreibt eine Entscheidungssituation unter
imperfekter Information, da Spieler 2 die vorhergehende Entscheidung von Spieler 1 nicht kennt. Dies ist durch die gestrichelte
Linie zwischen den Entscheidungsknoten von 2 angedeutet. Das
Spiel ist äquivalent zu dem in Abbildung 9-3 gezeigten Normalformspiel.

Spieler 1 \ Spieler 2	z	g
m	(1, 1.000.000)	(0, 1.001.000)
¬m	(0, 0)	(1, 1.000)

Abbildung 9-3: *Normalform des Spiels aus Abbildung 9-1*

Offenbar ist g für Spieler 2 eine strikt dominante Strategie: Welche
Strategie Spieler 1 auch wählt, es ist für Spieler 2 immer besser,
sich für g zu entscheiden. Die beste Antwort von Spieler 1 ist ¬m.
Das einzige Nash-Gleichgewicht des Spiels ist somit (¬m, g). Das
Ergebnis ist das Auszahlungspaar (1, 1.000).

(b) Zunächst betrachten wir die Teilspiele, die in den Entscheidungsknoten von Spieler 1 beginnen. Mit A bzw. B sei das obere bzw. das untere Teilspiel bezeichnet. Teilspiel A in Abbildung 9-2 wird gespielt, falls Spieler 2 z gewählt hat. In A ist m die optimale Strategie von Spieler 1, da er sich hier eine Auszahlung von 1 gegenüber einer Auszahlung von 0 sichern kann. In Teilspiel B ist ¬m die Gleichgewichtsstrategie von Spieler 1, auch hier sichert er sich eine Auszahlung von 1 statt 0. Die entsprechenden Auszahlungen für Spieler 2 sind 1.000.000 und 1.000. Da er antizipiert, wie sich Spieler 1 jeweils verhalten würde, wird Spieler 2 z wählen, um zum Teilspiel A zu gelangen. Die Strategiekombination (z; „spiele m, falls z gespielt wurde", „spiele ¬m, falls g gespielt wurde") ist das einzige teilspielperfekte Gleichgewicht des Gesamtspiels. Aber (g, „spiele ¬m, falls g gespielt wurde", „spiele m, falls z gespielt wurde") ist – wie im simultanen Spiel aus (a) – ebenfalls ein Gleichgewicht. Es ist jedoch nicht teilspielperfekt.

(c) Das beschriebene Gedankenexperiment wurde 1960 von dem US-Physiker William Newcomb entwickelt und ist als **Newcombs Problem** oder Newcombs Paradox bekannt. Es wurde 1969 durch Robert Nozick veröffentlicht. Akzeptiert man alle oben gemachten Annahmen, dann gibt die Entscheidungstheorie entgegengesetzte Empfehlungen, wie sich Spieler 2 verhalten sollte. Die gestellte Frage lässt sich nicht eindeutig beantworten.

Der Spielbaum in Abbildung 9-1 stellt Newcombs Problem unter Anwendung des Prinzips **dominanter Strategien** dar. Spieler 1 legt eine Million in Kiste 1 (m) oder nichts (¬m). Spieler 2 kennt die Entscheidung von Spieler 1 nicht, wenn er sich zwischen z und g entscheidet. Abbildung 9-1 liegt die Überlegung zugrunde, dass die undurchsichtige Kiste zum Zeitpunkt der Entscheidung von Spieler 2 entweder eine Million Euro enthält oder nicht. Spieler 2 bekommt in jedem Fall 1.000 Euro mehr, wenn er sich für beide Kisten entscheidet. Daher ist g für ihn eine dominante Strategie. Spieler 1 antizipiert dies und legt kein Geld in die Kiste ($\neg$m). Spieler 2 steht vor einem Problem der glaubwürdigen Selbstbindung: Könnte er sich auf z festlegen, würde sein monetärer Gewinn 1.000.000 Euro betragen. Jedoch gibt ihm das Spiel keine Möglichkeit, sich auf z zu verpflichten.

Der Spielbaum in Abbildung 9-2 zeigt Newcombs Problem aus der Perspektive des Prinzips der **Rückwärtsinduktion**. Spieler 2 erkennt an, dass Spieler 1 seine Handlungsabsicht vollkommen vorhersagen kann und weiß, dass Spieler 1 seine Entscheidung auf Grundlage dieser Vorhersage trifft. Wie in Aufgabenteil (b) gezeigt, ist (z; „spiele m, falls z gespielt wurde", „spiele $\neg$m, falls g gespielt wurde") das teilspielperfekte Gleichgewicht.

Diese zweite „Lösung" des Problems mag intuitiv plausibler erscheinen. (Dies liegt zum Teil vielleicht daran, dass sie gegenüber der „Lösung" mit Hilfe des Dominanzprinzips zu einer deutlich höheren Auszahlung führt.) Die Lösung anhand des Dominanzprinzips nimmt die Behauptung, Spieler 1 könne die Entscheidung von Spieler 2 mit absoluter Sicherheit vorhersagen, nicht ernst. Glaubt Spieler 2 hingegen an die Behauptung, so ist die Entscheidung von Spieler 1 abhängig davon, ob Spieler 2 z oder g spielt, obwohl diese Wahl dem Zug von Spieler 1 zeitlich nachgelagert ist. Dies könnte dadurch zu rechtfertigen sein, dass Spieler 1 ein Signal über den mentalen Zustand von Spieler 2 erhält, das zeitlich sowohl vor der Vorhersage und der Entscheidung von Spieler 2 gesendet wird. Die „Lösung" durch Rückwärtsinduktion verneint damit jedoch die Willensfreiheit von Spieler 2. Nimmt man an, dass Spieler 2 nicht nur Nutzen aus Geld bezieht, sondern auch aus dem Gebrauch von Willensfreiheit, dann könnte ihn dies veranlassen, nach dem Dominanzprinzip vorzugehen.

Literatur:

Albert, M. und R. A. Heiner (2003), An Indirect-Evolution Approach to Newcomb's Problem, *Homo oeconomicus* **20** (2/3), 161 – 194.

Nozick, R. (1969), Newcomb's Problem and two principles of choice, in: N. Rescher et al. (eds.), *Essays in Honor of C.-G. Hempel*, Dordrecht: Reidel, 114-146.

Teil II   Kooperative Spieltheorie

Aufgabe 10: Nash-Gleichgewicht und Nash-Lösung

(a) Beschreiben Sie die Nash-Gleichgewichte für folgende Spiel-matrix. Geben Sie an, welche Auszahlung die Spieler in den jeweiligen Gleichgewichten erhalten.

Spieler 1 \ 2	s_{21}	s_{22}
s_{11}	(3,2)	(1,1)
s_{12}	(1,1)	(2,3)

Abbildung 10-1: *Kampf der Geschlechter*

(b) Definieren Sie den Begriff Nash-Lösung und diskutieren Sie deren Axiome.

(c) Berechnen Sie die Nash-Lösung für das in Abbildung 10-1 gegebene Spiel.

Lösung:

(a) Das gegebene Spiel beinhaltet ein Koordinationproblem. Beide Parteien erhalten einen höheren Nutzen, wenn sie sich auf ein Strategienpaar einigen, als wenn sie sich nicht einigen. Die Frage ist nur, welches Strategienpaar ausgewählt wird. Das Spiel in Abbildung 10-1 ist als „**Kampf der Geschlechter**" („**Battle of the Sexes**") bekannt. Es handelt sich dabei um ein Zwei-mal-zwei-Matrixspiel mit zwei asymmetrischen, Pareto-optimalen Nash-Gleichgewichten in reinen Strategien und einem Nash-Gleichgewicht in gemischten Strategien. Stellen Sie sich folgende Situation vor. Ein Ehepaar möchte den Abend gemeinsam verbringen. Beide ziehen also aus einem gemeinsam verbrachten Abend einen höheren Nutzen als aus einem getrennt voneinander verbrachten Abend. Die Ehepartner müssen nun versuchen, sich auf eine von zwei Alternativen zu koordinieren. Leider sind die beiden zur Verfügung stehenden Alternativen aber nicht für beide gleich attraktiv. Nehmen Sie z.B. an, dass zum einen ein Theaterbesuch oder zum anderen der Besuch eines Boxkampfes zur Auswahl steht. Während die Frau sich für Kultur begeistert und gerne ins Theater möchte, ist der Mann in diesem Beispiel eher ein Sportfan und würde sich lieber den Boxkampf ansehen. Was wären in diesem Fall mögliche Gleichgewichte?

Da beide lieber den Abend gemeinsam als getrennt verbringen, stellen sowohl der gemeinsame Theater- als auch der gemeinsame Boxkampfbesuch ein Gleichgewicht dar. Abbildung 10-1 gibt diesen Sachverhalt in den Auszahlungen, die den Strategienkombinationen (s_{11}, s_{21}) und (s_{12}, s_{22}) entsprechen, wieder. Damit sind die zwei Pareto-optimalen Nash-Gleichgewichte bereits identifiziert.

Bei gemischten Strategien wird unterstellt, dass die Spieler nur mit einer gewissen Wahrscheinlichkeit $0 < p < 1$ ihre jeweiligen

Strategien wählen. (Bei reinen Strategien wählen die Spieler eine der Strategien mit $p = 1$.) Nehmen wir an, Spieler 1 wählt mit Wahrscheinlichkeit p die Strategie s_{11} und mit Wahrscheinlichkeit $(1-p)$ die Strategie s_{12}. Unterstellen wir entsprechend, dass Spieler 2 mit Wahrscheinlichkeit q die Strategie s_{21} und mit Wahrscheinlichkeit $(1-q)$ die Strategie s_{22} wählt. Das Nash-Gleichgewicht (p^*, q^*) ist dann derart definiert, dass folgende Ungleichungen erfüllt sind:

$$(10.1) \quad u_1(p^*,q^*) \geq u_1(p,q^*) \quad \forall\, p \in [0,1]$$

$$(10.2) \quad u_2(p^*,q^*) \geq u_2(p^*,q) \quad \forall\, q \in [0,1]$$

Analog ist Gleichung (10.1) erfüllt, wenn Spieler 2 indifferent zwischen seinen beiden reinen Strategien ist.

$$(10.3) \quad p2 + (1-p)1 = p1 + (1-p)3$$

Hieraus folgt: $p^* = 2/3$.

Gleichung (10.2) ist dann erfüllt, wenn Spieler 1 indifferent zwischen seinen beiden reinen Strategien ist.

$$(10.4) \quad q3 + (1-q)1 = q1 + (1-q)2$$

Hieraus folgt: $q^* = 1/3$.

Das Gleichgewicht in gemischten Strategien besteht somit in der Situation, dass Spieler 1 mit Wahrscheinlichkeit $2/3$ Strategie s_{11} wählt, und Spieler 2 mit Wahrscheinlichkeit $2/3$ Strategie s_{22} wählt.

Welchen erwarteten Nutzen erhalten die Spieler aus der Wahl der gemischten Gleichgewichtsstrategien? Gleichungen (10.3) und (10.4) geben an, dass die Spieler im Gleichgewicht zwischen ihren reinen Strategien indifferent sind. Die linke Seite von Gleichung

(10.3) stellt beispielsweise den erwarteten Nutzen aus der Wahl von s_{11} dar, die rechte Seite den aus der Wahl von s_{12}. Diese Indifferenzbedingung kann nun „ausgebeutet" werden. Setzt man einfach das errechnete $q*$ in bspw. die linke Seite ein, so erhält man auf einfachem Weg den Nutzen $u_1(p*,q*) = 5/3$. Analog kann man für Spieler 2 vorgehen und erhält $u_2(p*,q*) = 5/3$.

(b) In Teil (a) war eine **nicht-kooperative** Situation unterstellt: Die Spieler konnten keine bindenden Abmachungen treffen. Da Koordinationsprobleme bestehen, ist anzunehmen, dass sich die beiden Spieler besser stellen, wenn sie sich auf ein Ereignis verbindlich einigen können. Die **kooperative Spieltheorie** liefert für die Analyse solcher Situationen verschiedene Lösungskonzepte. Eines davon ist die sogenannte **Nash-Lösung**. Ausgangspunkt ist ein Verhandlungsproblem der Form (P, c). Dabei ist P der Auszahlungsraum und c der Konfliktpunkt. Das bedeutet, dass man aus einem Auszahlungsraum P ein Ergebnis „herausgreift", auf das sich die Spieler „koordinieren" werden. Der Konfliktpunkt c stellt denjenigen Auszahlungsvektor im Auszahlungsraum dar, der das Ergebnis beschreibt wenn sich die beiden Spieler nicht einigen können. $u*$ ist das Ergebnis, das aus der Anwendung der Nash-Lösung auf ein bestimmtes Verhandlungsspiel der Form (P, c) folgt.

Für zwei Spieler besagt die Nash-Lösung, dass sich die Spieler auf denjenigen Auszahlungsvektor $u*$ einigen sollen, der folgende Eigenschaften erfüllt:

(1) $u* = (u_1*, u_2*)$ maximiert das **Nash-Produkt** $NP = (u_1 - c_1)(u_2 - c_2)$ unter den Nebenbedingungen:

(2) $u*$ ist ein Element des Auszahlungsraumes P. (Damit ist $u*$ realisierbar.)

(3) Die jeweiligen Auszahlungen aus dem Fall einer Einigung sind individuell rational, d.h. die Spieler erzielen einen (strikt) höheren Nutzen aus einer Einigung als aus dem Konfliktfall. Somit muss gelten $u_i > c_i$. (Man beachte, dass für $u_i = c_i$ die Maximierung des Nash-Produktes scheitern würde.)

Das entsprechende Ergebnis u^* existiert, wenn der Auszahlungsraum eine abgeschlossene und beschränkte, also **kompakte** Menge, sowie eine **konvexe Menge** ist. Konvexität des Auszahlungsraumes ist für die Eindeutigkeit der Lösung von Bedeutung. Unterstellt man einen nicht-konvexen Auszahlungsraum, so ist nicht garantiert, dass die Nash-Lösung ein eindeutiges Ergebnis vorschlagen wird. (Diese Annahme wird z.B. in Teilaufgabe (c) von Bedeutung sein.)

John Nash zeigte in seinem Aufsatz „The bargaining problem" von 1950, dass eine Lösung, die die Bedingungen (1)-(3) erfüllt, die einzige Lösung ist, die nachfolgende Axiome erfüllt. Die Axiome können im weitesten Sinne als Aspekte von Fairness und Rationalität verstanden werden, die nach Nash (1950) ein Verhandlungsergebnis erfüllen sollte.

(N1) **Unabhängigkeit von äquivalenter Nutzentransformation**: Für jedes Verhandlungsspiel (P,c) und für beliebige reelle Zahlen $a_i > 0$ und b_i mit $i = 1, 2$ gilt $f_i(P', c') = a_i f_i(P, c) + b_i$, falls (P', c') ein Verhandlungsspiel ist, das sich aus einer linearen ordnungserhaltenden Transformation aller Elemente u und c in P ergibt, so dass $v_i = a_i u_i + b_i$ und $c_i' = a_i c_i + b_i$ gilt und $v = (v_1, v_2)$ und $c' = (c_1', c_2')$ Elemente von P' sind.

Die Lösung f soll unabhängig von der spezifischen Nutzenfunktion sein. Es muss sich um eine solche Nutzenfunktion handeln, die aus jener Menge an möglichen Nutzenfunktionen stammt, die durch eine lineare ordnungserhaltende Transformation ineinander überführt werden können. Somit soll die Lösung nicht von der gewählten Skalierung abhängen.

(N2) **Symmetrie**: Ist (P, c) ein symmetrisches Verhandlungsspiel, dann soll f_1(P, c) = f_2(P, c) gelten.

Unterscheiden sich die Spieler nicht bezüglich ihrer Präferenzen oder ihrer Auszahlungen im Konfliktfall, dann sollen sie auch die gleichen Auszahlungen im „Nicht-Konflikt-Fall" erhalten. Man kann dieses Axiom als Fairnessbedingung betrachten. Auch wenn die meisten Spiele, zumindest die meisten „interessanten" Spiele, nicht symmetrisch sind, so kann doch die Nash-Lösung auch auf diese Spiele angewandt werden.

(N3) **Unabhängigkeit von irrelevanten Alternativen**: Sei f die Lösungsfunktion des Verhandlungsspiels. Dann gilt f(P, c) = f(Q, c), falls (P, c) und (Q, c) Verhandlungsspiele sind, P eine Teilmenge von Q und f(Q, c) ein Element in P ist. (Beachten Sie, dass die beiden Verhandlungsspiele über denselben Konfliktpunkt verfügen.)

Somit gilt, dass man den Auszahlungsraum P fast beliebig verkleinern kann, wenn bei der Verkleinerung nur nicht das Ergebnis des Verhandlungsspiels (P, c) und der Konfliktpunkt c ausgeschlossen werden. Ferner muss natürlich noch gelten, dass es sich bei dem Auszahlungsraum nach wie vor um eine kompakte und konvexe Menge handelt.

Die Unabhängigkeit von irrelevanten Alternativen scheint bei näherem Hinsehen eine problematische Forderung. So hängt die

Lösung bspw. nicht davon ab, welche Auszahlungen die Spieler maximal haben könnten. Sie besagt somit auch nicht, auf wie viel die Parteien im Lösungsfall „verzichten". Häufig steht aber genau dieser potentielle Verzicht im Vordergrund der Argumentation für ein bestimmtes Ergebnis.

(N4) **Pareto-Optimalität**: Ist (P, c) ein Verhandlungsspiel, so gibt es kein $x \in P$, für das gilt $x \neq f(P, c)$ in P, so dass $x_1 \geq f_1(P, c)$ und $x_2 \geq f_2(P, c)$.

Mit anderen Worten soll sich im Ergebnis keiner der beiden Spieler besser stellen können, ohne den anderen schlechter zu stellen. Der gesamte „Kuchen" wird also verteilt. Würde diese Bedingung nicht erfüllt sein, könnte ein Verhandlungsergebnis nur aus Fairness-Überlegungen heraus gerechtfertigt sein – könnte dann aber ineffizient sein. Die Nash-Lösung liegt hingegen auf der Nutzengrenze, ist also effizient.

(c) Das **Nash-Produkt** (NP) kann als gleichseitige Hyperbel im Nutzenraum dargestellt werden. Da der Auszahlungsraum P des Verhandlungsspiels kompakt und konvex ist, wird es am Rand von P nur einen Schnittpunkt mit derjenigen gleichseitigen Hyperbel geben, die am weitesten vom Ursprung entfernt ist aber noch einen Punkt mit P gemeinsam hat. Abbildung 10-1 veranschaulicht diesen Sachverhalt. NP* ist dasjenige Nash-Produkt, das die Lösung des Verhandlungsproblems beinhaltet. NP^1 würde zwar einen höheren Nutzen liefern, liegt aber nicht im Auszahlungsraum und ist somit nicht realisierbar. NP^0 hingegen ist nicht Pareto-optimal.

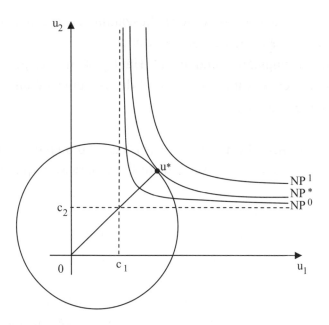

Abbildung 10-2: *Die Nash-Lösung*

Bei der Anwendung auf das Spiel in Abbildung 10-1 stellt sich folgendes Problem. Der Auszahlungsraum sollte konvex sein, ist aber nur in Form einzelner Punkte gegeben: Jede Auszahlungskombination in der Matrix, ebenso wie das Gleichgewicht in gemischten Strategien, stellt nur einen einzelnen Auszahlungsvektor dar. Um dieses Problem zu lösen, muss der Auszahlungsraum „konvexifiziert" werden. Überträgt man die drei aus der Matrix in Abbildung 10-1 gegebenen Punkte in eine Graphik, so lässt sich durch deren Verbindung ein kompakter und konvexer Raum erstellen. Der so eingegrenzte Raum ist der kleinste konvexe und kompakte Raum, der alle drei Punkte beinhaltet. In einem kooperativen Spiel können die beiden Spieler ihre Wahrscheinlichkeiten p und q so koordinieren, dass jedes Auszahlungspaar im Innern, oder auch auf dem Rand dieses Raums für sie erreichbar ist.

Neben dem Auszahlungsraum P ist auch der Konfliktpunkt c für die Lösung des Verhandlungsspiels wichtig. Dessen Wahl stellt sich jedoch als diskussionswürdig dar. Zum einen könnte argumentiert werden, dass, sollten sich die Spieler nicht einigen oder eine „Fehlkoordination" zustande kommen, die Auszahlung (1,1) resultieren wird. Dies würde für die Wahl von (1,1) als Konfliktpunkt sprechen. Allerdings wurde in Teilaufgabe (a) ermittelt, dass im Gleichgewicht mit gemischten Strategien die Auszahlung $(5/3, 5/3)$ resultieren würde. In unserem speziellen Fall führen beide Konfliktpunkte zum gleichen Ergebnis, da beide auf der 45°-Linie liegen.[1]

Die Lösung für das beschriebene Spiel wird auf dem 45°-Strahl liegen, da es sich hier um ein symmetrisches Spiel handelt. Somit besteht die Nash-Lösung aus dem Schnittpunkt des 45°-Strahls und der Verbindungslinie der Punkte (2,3) und (3,2), die die Nutzengrenze $H(u_1, u_2) = 0$ darstellt. Hier tangiert auch die gleichseitige Hyperbel den Auszahlungsraum P.

---

[1] Generell gilt: Entspricht einem Spiel (P, $c°$) gemäß der Nash-Lösung das Ergebnis u^*, so führt jeder Konfliktpunkt c', der auf der Geraden liegt, die durch $c°$ und u^* bestimmt ist, zum Ergebnis u^*.

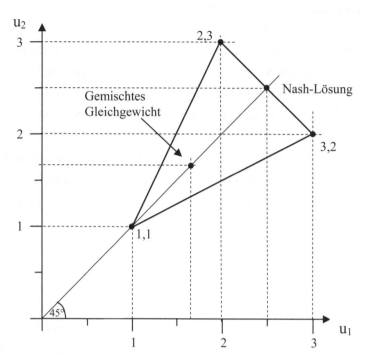

Abbildung 10-3: *Konvexifizierung des Auszahlungsraums*

Der Schnittpunkt der Nutzengrenze mit dem 45°-Strahl lässt sich unmittelbar berechnen. Es ergibt sich als Ergebnis der Nash-Lösung das Auszahlungspaar $u^* = (5/2, 5/2)$. Die Berechnung kann aber auch als Maximierungsproblem unter Nebenbedingung mittels des Lagrange-Ansatzes gelöst werden. Die entsprechende Lagrange-Funktion lautet

(10.5) $L = (u_1 - c_1)(u_2 - c_2) - \lambda H(u_1, u_2)$ bzw.

(10.6) $L = (u_1 - c_1)(u_2 - c_2) - \lambda(u_1 + u_2 - 5)$

Die Bedingungen erster Ordnung sind dann:

(10.7) $\dfrac{\partial L}{\partial u_1} = (u_2 - c_2) - \lambda = 0$

(10.8) $\dfrac{\partial L}{\partial u_2} = (u_1 - c_1) - \lambda = 0$

(10.9) $\dfrac{\partial L}{\partial \lambda} = u_1 + u_2 - 5 = 0$.

Aus den Bedingungen (10.7) und (10.8) folgt $u_1 = u_2$, unter Berücksichtigung der Tatsache, dass die beiden Konfliktauszahlungen c_1 und c_2 gleich groß sind. Folglich muss, um die dritte Bedingung zu erfüllen, $u_1 = u_2 = 2,5$ gelten, bzw. $u^* = (5/2,\ 5/2)$.

Literatur:

Nash, J. F. (1950), The Bargaining Problem, *Econometrica* **18** (2), 155-162.

Aufgabe 11: Alternative Konfliktpunkte

Ein Unternehmen möchte einen neuen Angestellten einstellen. Es hat sich auch bereits ein passender Bewerber gefunden, mit dem man sich nur noch über das Gehalt einigen muss. Die Arbeit des Angestellten würde dem Unternehmen einen (zusätzlichen) Überschuss in Höhe von EUR 10,- pro Stunde einbringen. Aufgrund der guten Überwachungsmöglichkeiten der Firma würde der Angestellte konstante Arbeit leisten, unabhängig vom jeweiligen Entgelt. Einigen sich jedoch die Parteien nicht, so erhält der Bewerber kein Geld, und das Unternehmen wird keinen zusätzlichen Überschuss erwirtschaften. Unterstellen Sie dabei, dass der Nutzen sowohl des Bewerbers als auch des Unternehmens linear in Geld ist.

(a) Stellen Sie das Verhandlungsspiel graphisch dar.

(b) Berechnen Sie das Verhandlungsergebnis, wenn die Einigung der Parteien sich durch die Nash-Lösung beschreiben lässt.

(c) Setzen Sie das in (b) errechnete Ergebnis in Beziehung zu den Axiomen, die die Nash-Lösung begründen.

(d) Unterstellen Sie nun, dass eine Arbeitslosenunterstützung in Höhe von, pro „äquivalenter Arbeitsstunde" gerechnet, EUR 3,- eingeführt wird. Berechnen Sie dafür das Verhandlungsergebnis, das durch die Nash-Lösung beschrieben wird.

Lösung:

(a) In dem beschriebenen Fall geht es um die Verteilung des möglichen Überschusses in Höhe von EUR 10,-, den das Unternehmen im Falle der Einstellung des Bewerbers machen kann. Da die Nutzen der Spieler linear in Geld sind, lässt sich der Auszahlungsraum P leicht graphisch darstellen. In Abbildung 11-1 sind entlang der Ordinate die möglichen Nutzenwerte des Bewerbers, u_B, eingezeichnet, die des Unternehmens, u_U, entlang der Abszisse. Da jeder Euro, den der Bewerber für sich heraushandeln kann, einen Euro weniger für das Unternehmen bedeutet, ist die Nutzengrenze eine Gerade mit 45° Neigung. Sie schneidet die Achsen jeweils bei der maximalen Auszahlung der beiden Parteien, dem Nutzen aus zehn Euro. Der Konfliktpunkt c ist durch $c = (0,0)$ bestimmt, da im Falle einer Nichteinigung das Unternehmen keinen zusätzlichen Gewinn erwirtschaftet und der Bewerber keinen Lohn erhält.

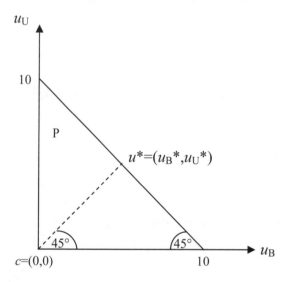

Abbildung 11-1: *Die Nash-Lösung des Gehaltsverhandlungsspiels*

(b) Die Nash-Lösung für ein Verhandlungsspiel (P,c) mit zwei Spielern ist definiert als derjenige Nutzen-Vektor $u^* = (u_1{}^*, u_2{}^*)$, der das Nash-Produkt NP = $(u_1\text{-}c_1)(u_2\text{-}c_2)$ maximiert. Nebenbedingungen für die Maximierung ist, dass u^* ein Element des Auszahlungsraums P ist und die Spieler im Falle einer Einigung einen strikt höheren Nutzen als im Konfliktfall erzielen. Somit muss gelten $u_i > c_i$.

Formal lässt sich dies für das gegebene Spiel wie folgt darstellen:

$$(11.1) \quad \max_{u_B, u_U}(u_B - c_B)(u_U - c_U)$$

unter den Nebenbedingungen $u_B + u_U = 10$, $c_B = 0$ und $c_U = 0$. Die Nebenbedingung $u_B + u_U = 10$ lässt sich direkt in das Nash-Produkt einsetzen. Es reduziert sich für $c_B = 0$ und $c_U = 0$ zu:

$$(11.2) \quad NP = (10 - u_U)(u_U - 0)$$

Ein Maximum setzt voraus, dass die erste Ableitung von NP nach u_U gleich null ist.

$$(11.3) \quad \frac{\partial NP}{\partial u_U} = 10 - 2u_U = 0$$

Hieraus folgt, dass der Bewerber EUR 5,- pro Stunde erhält und sich das Unternehmen einen zusätzlichen Gewinn von EUR 5,- pro Stunde sichert.

(c) John Nash zeigte in seinem Aufsatz „The bargaining problem"
von 1950, dass die Nash-Lösung nachfolgende Axiome erfüllt.

(N1) **Unabhängigkeit von äquivalenter Nutzentransforma-**
tion: Für jedes Verhandlungsspiel (P,c) und für beliebige reelle
Zahlen $a_i > 0$ und b_i mit i = 1, 2 gilt $f_i(P', c') = a_i f_i(P, c) + b_i$, falls
(P',c') ein Verhandlungsspiel ist, das sich aus einer linearen ordnungserhaltenden Transformation aller Elemente u und c in P er-
gibt, so dass $v_i = a_i u_i + b_i$ und $c_i' = a_i c_i + b_i$ gilt und $v = (v_1, v_2)$ und
$c' = (c_1', c_2')$ Elemente von P' sind.

(N2) **Symmetrie**: Ist (P,c) ein symmetrisches Verhandlungsspiel, dann soll $f_1(P,c) = f_2(P,c)$ gelten.

(N3) **Unabhängigkeit von irrelevanten Alternativen**: Sei f
die Lösungsfunktion des Verhandlungsspiels. Dann gilt f(P,c) =
f(Q,c), falls (P,c) und (Q,c) Verhandlungsspiele sind, P eine Teilmenge von Q und f(Q,c) ein Element in P ist. (Beachten Sie, dass
die beiden Verhandlungsspiele über denselben Konfliktpunkt verfügen.)

(N4) **Pareto-Optimalität**: Ist (P,c) ein Verhandlungsspiel, so
gibt es kein $x \in$ P, für das gilt $x \neq$ f(P,c) in P, so dass $x_1 \geq f_1(P,c)$ und
$x_2 \geq f_2(P,c)$.

Das vorliegende Spiel ist symmetrisch. Das bedeutet, dass
Symmetrie-Axiom (N2) greift: Beide Parteien sollen die gleiche
Auszahlung erhalten. Dies ist tatsächlich der Fall: jede Partei erhält
EUR 5,-. Graphisch befindet sich die Nash-Lösung auf dem 45°-
Strahl durch den Nullpunkt: $u_B = u_U$. Nach dem Axiom der Pareto-
Optimalität (N4) soll die Lösung auf der Nutzengrenze liegen. Kein

Spieler soll sich besser stellen können, ohne dass sich der andere gleichzeitig schlechter stellt. Das Ergebnis der Nash-Lösung $u^*=(u_B^*, u_U^*)$ ist durch diese beiden Axiome als Schnittpunkt der 45°-Linie und des 45°-Strahls eindeutig bestimmt, wie in Abbildung 11-1 zu sehen ist.

(d) Die Einführung des Arbeitslosengeldes führt hier zu einer Verschiebung des Konfliktpunktes. Der Bewerber kann überzeugend damit drohen, auch ohne eine Anstellung beim Unternehmen EUR 3,- „pro Stunde" zu erhalten. Das Unternehmen hingegen wird kaum jemanden finden, der für weniger als das Arbeitslosengeld arbeiten würde. Somit ist der neue Konfliktpunkt gegeben durch $c = (3,0)$.

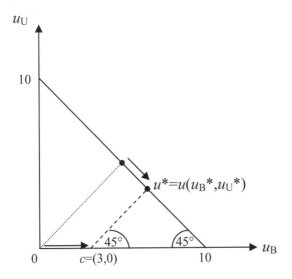

Abbildung 11-2: *Die Nash-Lösung mit alternativem Konfliktpunkt*

Durch die Änderung des Konfliktpunktes ändert sich auch das Resultat für die Nash-Lösung. Diese maximiert das Nash-Produkt, $(u_B\text{-}c_B)(u_U\text{-}c_U)$, unter der Nebenbedingung, dass das Ergebnis auf der Nutzengrenze liegt. Formal lässt sich dies wie folgt ausdrücken:

$$(11.4) \quad \max_{u_B, u_U}(u_B - c_B)(u_U - c_U)$$

unter den Nebenbedingungen $u_B + u_U = 10$, $c_B = 3$ und $c_U = 0$. Die Nebenbedingungen lassen sich erneut direkt in das Nash-Produkt einsetzen. Dadurch reduziert sich das Problem darauf, ein Maximum für

$$(11.5) \quad NP = (10 - u_U - 3)(u_U - 0)$$

zu finden. Die Bedingung erster Ordnung für ein Maximum ist, dass die erste Ableitung von NP nach u_U gleich Null sein muss.

$$(11.6) \quad \frac{\partial NP}{\partial u_U} = 7 - 2u_U = 0$$

Hieraus folgt $u_U^* = 3{,}5$. Somit folgt auch, dass $u_B^* = 6{,}5$ ist. Wie in Abbildung 11-2 zu sehen ist, verschiebt sich durch die Änderung des Konfliktpunktes das Verhandlungsergebnis zugunsten des Arbeitnehmers.

Literatur:

Nash, J. F. (1950), The Bargaining Problem, *Econometrica* **18** (2), 155-162.

Aufgabe 12: Optimale Drohung

(a) Diskutieren Sie die Nash-Gleichgewichte des Spiels in Abbildung 12-1.

Spieler 1		q	$(1-q)$
	Spieler 2	s_{21}	s_{22}
p	s_{11}	$(6,2)$	$(-1,-4)$
$(1-p)$	s_{12}	$(-4,-2)$	$(1,7)$

Abbildung 12-1: *Optimale Drohung*

(b) Unterstellen Sie nun, dass die Spieler bindende Abmachungen schließen können. Beschreiben Sie graphisch für die Auszahlungen aus Abbildung 12-1 den Auszahlungsraum P des zugehörigen kooperativen Spiels (P,c).

(c) Unterstellen Sie, dass die Nutzen transferierbar sind. Berechnen Sie die optimalen Drohstrategien der Spieler für das kooperative Spiel aus Aufgabe (b). Gehen Sie dabei davon aus, dass die Spieler ihre optimale Drohstrategie über die Minimax-Regel ermitteln.

(d) Berechnen Sie die Nash-Lösung des Spiels. Verwenden Sie dafür als Konfliktpunkt die optimalen Drohstrategien aus Aufgabe (c).

Lösung:

(a) Das Spiel aus Abbildung 12-1 verfügt über zwei Gleichgewichte in reinen Strategien, (s_{11}, s_{21}) und (s_{12}, s_{22}). Darüber hinaus verfügt es noch über ein Gleichgewicht in gemischten Strategien. Gemäß der Indifferenzbeziehung des Nash-Gleichgewichtes in gemischten Strategien, müssen die Spieler indifferent zwischen ihren reinen Strategien sein und somit auch zwischen allen ihrer Mischungen. Für Spieler 1 bedeutet dies, dass folgende Bedingung erfüllt sein muss:

$$(12.1) \quad 6q + (-1)(1-q) = (-4)q + (1-q),$$

was für $q^* = 1/6$ der Fall ist. Durch analoges Vorgehen erhält man für Spieler 2, dass

$$(12.2) \quad 2p + (-2)(1-p) = (-4)p + 7(1-p),$$

oder $p^* = 3/5$. Setzt man diese Werte in die Indifferenzbedingungen ein, so ergibt sich, dass das Nash-Gleichgewicht in gemischten Strategien zu einem Nutzenvektor $u^* = (1/5, 1/6)$ führt.

(b) Da die Spieler bindende Abmachungen treffen können, sind für sie nicht mehr nur die einzelnen Auszahlungspunkte des nichtkooperativen Spieles erreichbar, sondern auch jede konvexe Mischung daraus. Der Auszahlungsraum P des kooperativen Spiels lässt sich daher als konvexe Hülle der einzelnen Auszahlungspunkte darstellen.

Wie aus Abbildung 12-2 zu erkennen ist, ist das Spiel nicht symmetrisch. Das bedeutet, dass die Spieler unterschiedlich „stark" von einer Kooperation profitieren. Das sollte sich auch in den optimalen Drohpunkten widerspiegeln.

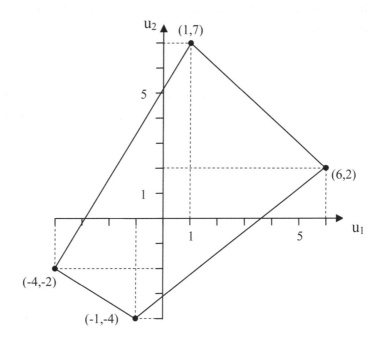

Abbildung 12-2: *Der Auszahlungsraum des kooperativen Spiels*

(c) Für die Berechnung der optimalen Drohstrategien wird unterstellt, dass dem kooperativen Spiel ein nicht-kooperatives „vorgeschaltet" ist. In diesem nicht-kooperativen Spiel wird der Drohpunkt ermittelt.

Grundsätzlich gilt, dass für Spieler 2 diejenigen Drohpunkte besonders günstig sind, die möglichst „weit oben" liegen, die also die Ordinate bei einem möglichst hohen Wert schneiden. Umgekehrt ist für Spieler 1 ein Drohpunkt günstig, der möglichst „weit unten" liegt, der also die Ordinate bei einem möglichst geringen Wert schneidet. Dies folgt aus der **Steigungseigenschaft** der Nash-Lösung. Sie besagt, dass die Steigung der Geraden, die den Konfliktpunkt mit der Nash-Lösung verbindet, betragsmäßig gleich der Steigung der Nutzengrenze in der Nash-Lösung ist. Alle Drohpunkte, die auf einer Linie mit der betragsmäßigen Steigung der Nutzengrenze in der Nash-Lösung liegen, führen zu derselben Nash-Lösung. Da die Nash-Lösung gemäß des Pareto-Axioms in dem gegebenen Spiel auf der Gerade zwischen den Punkten (1,7) und (6,2) liegen wird, die die Steigung (-1) aufweist, muss der Drohpunkt auf einer Geraden mit der Steigung 1 liegen.

Aus dem beschriebenen Kalkül der Spieler, dass also Spieler 1 einen Drohpunkt bei einem möglichst geringen Ordinatenwert und Spieler 2 einen Drohpunkt mit einem möglichst hohen Ordinatenwert erhalten möchte, folgt, dass die Interessen der Spieler entgegengesetzt sind. Jeder „Gewinn", den ein Spieler im nichtkooperativen Spiel erzielt, geht direkt auf Kosten des anderen. Spieler 1 wird somit versuchen, die Differenz zwischen dem von ihm erzielten Nutzen und dem von Spieler 2 erzielten Nutzen zu maximieren. Umgekehrt versucht Spieler 2, die Differenz zwischen seiner Auszahlung und der von Spieler 1 zu maximieren. Überträgt man diese Argumentation auf die Auszahlungsmatrix in 12-1, so wird Spieler 1 versuchen, die Differenz der realisierten Nutzenwerte bei jeder möglichen Strategienkombination zu maximieren, während Spieler 2 versucht, diesen Wert zu minimieren.

Abbildung 12-3 stellt die Differenzmatrix der Auszahlungen aus Abbildung 12-1 dar. Das bedeutet, dass der jeweils erste Wert einer Zelle aus Abbildung 12-1 von dem zweiten Wert in der Zelle abgezogen wird. Darüber hinaus ist in Abbildung 12-3 die Minimalauszahlung für jede Strategie von Spieler 1 und die Maximalauszahlung für jede Strategie von Spieler 2 angegeben. Dies trägt der Argumentation Rechnung, dass Spieler 1 versuchen wird, die Differenz der Nutzenwerte zu maximieren, während Spieler 2 das Gegenteil versucht, also die Differenz zu minimieren.

Wie aus Abbildung 12-3 zu ersehen ist, existiert bei der Strategiekombination (s_{11}, s_{22}) ein Sattelpunkt. Das bedeutet, dass in diesem Punkt die Maximin-Lösung von Spieler 1 mit der Minimax-Lösung von Spieler 2 zusammenfällt. Somit kommt dieser Punkt auch als optimale Drohung für beide Spieler in Betracht. Die korrespondierenden Auszahlungen sind für die Strategiekombination (s_{11}, s_{22}) gemäß Abbildung 12-1 gegeben als (c_1,c_2) = (-1,-4).

	s_{21}	s_{22}	Min
s_{11}	4	3	3
s_{12}	-2	-6	-6
Max	4	3	

Abbildung 12-3: *Differenzmatrix*

(d) Die Nash-Lösung maximiert das Nash-Produkt $(u_1-c_1)(u_2-c_2)$, wobei der Vektor (u_1, u_2) innerhalb des Auszahlungsraums liegen muss. Ferner muss gelten, dass $u_i < c_i$ für $i = 1,2$. Unter Verwendung des Pareto-Axioms wissen wir, dass die Nash-Lösung auf der Geraden zwischen den Punkten (1,7) und (6,2) liegen muss. Daher gilt:

$$(12.3) \quad H : u_1 + u_2 = 8$$

Formt man die Bedingung um, setzt sie in das Nash-Produkt ein und verwendet als Konfliktauszahlung das Ergebnis aus Aufgabe (c), so maximiert die Nash-Lösung folgenden Ausdruck:

$$(12.4) \quad NP = (u_1 - (-1))(8 - u_1 - (-4)) = (u_1 + 1)(12 - u_1)$$

Als Bedingung erster Ordnung für ein Maximum ergibt sich:

$$(12.5) \quad \frac{\partial NP}{\partial u_1} = 11 - 2u_1 = 0,$$

woraus folgt, dass $u_1* = 5,5$. Unter Verwendung von (12.3) ergibt sich somit die Nash-Lösung als Auszahlungsvektor $(u_1*, u_2*) = (5,5; 2,5)$.

Aufgabe 13: Das transformierte Chicken-Spiel

(a) Diskutieren Sie die Nash-Gleichgewichte des Spiels in Abbildung 13-1.

		q	$(1-q)$
Spieler 2 1		s_{21}	s_{22}
p	s_{11}	(3,6)	(2,10)
$(1-p)$	s_{12}	(5,4)	(1,2)

Abbildung 13-1: *Das transformierte Chicken-Spiel*

(b) Unterstellen Sie nun, dass die Spieler bindende Abmachungen schließen können. Beschreiben Sie graphisch für die Auszahlungen aus der Matrix in Abbildung 13-1 das zugehörige kooperative Spiel (P,c).

(c) Berechnen Sie die Nash-Lösung des kooperativen Spiels aus Aufgabe (b).

(d) Beschreiben Sie das Zeuthen-Harsanyi-Spiel, durch das das Ergebnis aus Aufgabe (c) implementiert werden kann.

Lösung:

(a) Bei dem Spiel in Abbildung 13-1 handelt es sich um ein transformiertes Chicken-Spiel. Teilt man die Auszahlungen des zweiten Spielers durch zwei, so erhält man ein symmetrisches Chicken-Spiel. Es gibt daher zwei Wege, wie man die folgenden Aufgaben lösen kann. Erstens kann man für die Berechnung das symmetrische Spiel verwenden und die Auszahlungen des zweiten Spielers mit zwei multiplizieren. Dadurch verringert sich zwar der Aufwand, jedoch birgt dieses Vorgehen die Gefahr, zu „vergessen", die Endergebnisse wieder zurück zu transformieren. Zweitens kann man natürlich die angegebenen Auszahlungen direkt verwenden. Im Folgenden wählen wir die zweite Möglichkeit. Dies könnte Aufschluss über die Berechnung komplexer Aufgaben geben, bei denen eine Transformation nicht möglich ist.

Das Spiel verfügt über zwei Nash-Gleichgewichte in reinen Strategien, (s_{11}, s_{22}) und (s_{12}, s_{21}). Darüber hinaus verfügt das Spiel über ein Gleichgewicht in gemischten Strategien. Dieses können wir mittels der **Indifferenzbedingung** berechnen. Sie besagt, dass im Nash-Gleichgewicht in gemischten Strategien die Spieler indifferent zwischen ihren reinen Strategien und folglich auch jeder ihrer Mischungen sein müssen. Für Spieler 1 erhalten wir daher:

(13.1) $3q + 2(1-q) = 5q + (1-q)$,

woraus folgt, dass $q^* = 1/3$. Analog gilt für Spieler 2, dass

(13.2) $6p + 4(1-p) = 10p + 2(1-p)$,

woraus folgt, dass auch $p^* = 1/3$.

Das Nash-Gleichgewicht in gemischten Strategien ist als $(p^*, q^*) = (1/3, 1/3)$ bestimmt. Unter Verwendung bspw. der linken Seite von (13.1) und (13.2) lässt sich daher der Nutzen von Spieler 1 als $u_1^* = 7/3$ und der von Spieler 2 als $u_2^* = 14/3$ bestimmen.

(b) Aus Aufgabe (a) sind nur Punkte im Nutzenraum bestimmt, die die Spieler erreichen können. Da allerdings für Aufgabe (b) unterstellt wurde, dass die Spieler bindende Abmachungen treffen können, können sie sich nun auch auf konvexe Mischungen dieser Punkte einigen und diese tatsächlich erreichen. Somit lässt sich jeder Punkt der konvexen Hülle der Auszahlungspunkte aus Aufgabe (a) erreichen. Die konvexe Hülle definiert damit den Auszahlungsraum P des kooperativen Spiels. Als Konfliktpunkt c kommen grundsätzlich mehrere Möglichkeiten in Betracht. Zum einen könnte man den Punkt (1,2) als Konfliktpunkt für eine „Fehlkoordination" begründen. Aber auch die Auszahlung des Nash-Gleichgewichtes in gemischten Strategien könnte man als Konfliktpunkt begründen, wenn man unterstellt, dass beide Spieler Nash-Strategien spielen. Ebenso ließe sich die Maximinlösung (3,6) als Konfliktpunkt begründen, wenn die Spieler versuchen, sich vom Verhalten des anderen Spielers unabhängig zu machen. Allerdings spielt es in diesem Beispiel keine Rolle, welchen der erwähnten Punkte man wählt. Alle liegen auf einer Geraden und führen somit zur gleichen Nash-Lösung. Abbildung 13-2 stellt das gewünschte kooperative Spiel dar.

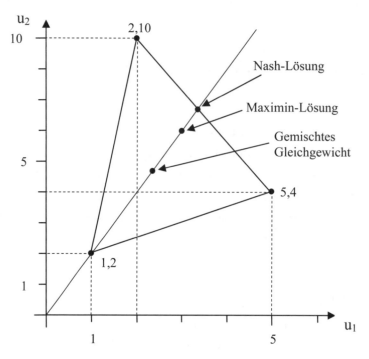

Abbildung 13-2: *Das kooperative Spiel*

(c) Die Nash-Lösung ist derjenige Nutzenvektor, der das Nash-Produkt $(u_1-c_1)(u_2-c_2)$ maximiert. Allerdings muss die Lösung auch erreichbar sein, also innerhalb oder auf der Nutzengrenze liegen. Da das Pareto-Kriterium erfüllt sein muss, wissen wir, dass sie auf der „nordöstlichen" Nutzengrenze liegen muss. In Abbildung 13-2 ist dies die Gerade zwischen den Punkten (2,10) und (5,4). Formal muss also folgende Bedingung erfüllt sein:

$$(13.3) \quad H: \quad 2u_1 + u_2 = 14$$

Setzten wir die Bedingung (13.3) in das Nash-Produkt ein, so ergibt sich folgende Bedingung erster Ordnung für ein Maximum:

$$(13.4) \quad 14 - 4u_1 - c_2 - 2c_1 = 0 \,.$$

Unter Verwendung des Auszahlungsvektors (1,2) als Konfliktpunkt c folgt hieraus, dass die Nash-Lösung bestimmt ist als $u^* = (u_1^*; u_2^*)$ = (3,5; 7).

(d) Die Verwendung der Nash-Lösung zur Bestimmung von Verhandlungsergebnissen wurde bisher durch deren Axiome begründet. Das bedeutet, dass an das Ergebnis bestimmte Erwartungen oder gewünschte Eigenschaften gestellt wurden. In diese Betrachtung blieb der Prozess der Verhandlung allerdings außen vor. Es wurde nicht untersucht, wie diese Ergebnisse tatsächlich zustande kommen können. Ein Mechanismus, der einen solchen, zum Ergebnis der Nash-Lösung führenden Verhandlungsprozess beschreibt, ist das sogenannte **Zeuthen-Harsanyi-Spiel**. Ausgangspunkt ist, wie bei der Nash-Lösung auch, ein Verhandlungsspiel (P,c). Im Laufe der Verhandlungen machen zwei Parteien alternierend Vorschläge zur Aufteilung des zugrunde liegenden „Kuchens", die der andere Spieler entweder annehmen oder ablehnen kann. Lehnt ein Spieler ein Angebot ab, darf er selber ein neues Angebot machen. Nimmt ein Spieler ein Angebot an, so wird der entsprechende Auszahlungsvektor realisiert. Wird das Angebot eines Spielers abgelehnt, so kann dieser bei seinem nächsten Angebot entweder das Angebot wiederholen, oder eine volle oder partielle Konzession machen. Eine volle Konzession bedeutet, dass der Spieler dasjenige Angebot macht, bei dem die gleiche Auszahlung realisiert wird wie vom anderen Spieler angeboten. Eine partielle

Konzession bedeutet, dass der Spieler nur „in Richtung" des Vorschlags des anderen geht, also seinen eigenen Anteil zugunsten des anderen verringert.

Nun wird unterstellt, dass die Spieler ein bestimmtes Verhalten an den Tag legen werden. (Spiele mit einer solchen Annahme werden auch als behavioristisches Verhandlungsmodell bezeichnet.) Die entscheidende Verhaltensannahme ist, dass derjenige Spieler mit der kleineren Risikogrenze eine Konzession macht. Ferner muss die Konzession groß genug sein, um die eigene Risikogrenze größer als die des anderen zu machen. Die Risikogrenze ist dabei definiert als das Verhältnis der Differenz des eigenen Angebots und dem des anderen und dem möglichen „Nettogewinn" aus dem eigenen Vorschlag, also eigenes Angebot minus eigene Konfliktauszahlung. Sie gibt damit an, wie hoch der Nutzen eines Vorschlags im Verhältnis zu seinen Kosten ist.

Es kann nun gezeigt werden, dass bei dem beschriebenen Vorgehen das Ergebnis des Verhandlungsprozesses dasjenige der Nash-Lösung ist. Es handelt sich beim Zeuthen-Harsanyi-Spiel also um einen Mechanismus, durch den die Nash-Lösung implementiert werden kann. Für eine ausführlichere Darstellung sei auf Holler und Illing (2003) verwiesen.

Weitere Implementierungsmechanismen für die Nash-Lösung sind beispielsweise das komprimierte Zeuthen-Harsanyi-Spiel und das Rubinstein-Spiel. Auch hierzu sei auf Holler und Illing (2003) verwiesen.

Literatur:

Holler, Manfred J. und Gerhard Illing (2003), *Einführung in die Spieltheorie*, Fünfte Auflage, Berlin und Heidelberg: Springer Verlag.

Aufgabe 14: Schuh-Produktion

(a) Die Genossenschaften „Linker Schuh" und „Rechter Schuh" haben sich auf die Produktion linker bzw. rechter Schuhe spezialisiert. Nehmen Sie an, jedes Mitglied von „Linker Schuh" stelle täglich einen linken Schuh her, jedes Mitglied von „Rechter Schuh" täglich einen rechten Schuh. Niemand ist Mitglied in beiden Genossenschaften. Ein einzelner Schuh oder mehrere Schuhe für denselben Fuß sind wertlos, ein Paar kann hingegen für 1 € verkauft werden. Nutzen sei identisch mit Geld.

Welche Nutzenvektoren $u = (u_1, \dots, u_n)$ befinden sich im Kern, falls die Genossenschaften „Linker Schuh" und „Rechter Schuh" aus je zwei Mitgliedern bestehen?

Hinweis: Stellen Sie zunächst die charakteristische Funktion $v(S)$ für dieses Spiels auf. $v(S)$ wird durch die Anzahl von Schuhpaaren gemessen, die eine Koalition S herstellen kann.

(b) Nehmen Sie an, dass ein weiteres Mitglied in die Genossenschaft „Rechter Schuh" eintritt. Zeigen Sie, dass der Kern dann aus nur einem einzigen Element besteht.

(c) Nehmen Sie gegenüber der Situation in (a) an, dass eines der beiden Mitglieder von „Linker Schuh" in der Lage ist, am Tag zwei linke Schuhe herzustellen. Diskutieren Sie den Kern und vergleichen Sie das Ergebnis mit dem unter (a) und (b).

Lösung:

(a) Seien Spieler 1 und 2 Mitglieder bei „Linker Schuh" und Spieler 3 und 4 Mitglieder bei „Rechter Schuh". Dann wird das Spiel definiert durch die charakteristische Funktion $v(S)$ mit

$$v(\varnothing) = 0$$

$$v(\{i\}) = 0 \text{ für } i = 1, \dots, 4$$

$$v(\{1,2\}) = v(\{3,4\}) = 0$$

$$v(\{1,3\}) = v(\{1,4\}) = v(\{2,3\}) = v(\{2,4\}) = 1$$

$$v(\{1,2,3\}) = v(\{1,2,4\}) = v(\{1,3,4\}) = v(\{2,3,4\}) = 1$$

$$v(\{1,2,3,4\}) = 2$$

$v(S)$ verbindet also jede Koalition mit dem (als Zahl ausgedrückten) Überschuss, den die Koalitionsmitglieder untereinander verteilen können.

Der Kern $C(\Gamma)$ des Spiels Γ besteht aus allen machbaren nicht-dominierten Allokationen. Dies sind alle Allokationen u mit der Eigenschaft, dass keine Koalition ihre Mitglieder besserstellen kann, indem sie eine Allokation $w \notin C(\Gamma)$ herbeiführt.

Ein Vektor u ist ein Element des Kerns, wenn folgende Bedingungen gelten

(14.1) $u_i \geq 0$ für $i = 1, \dots, 4$

(14.2) $u_1 + u_3 \geq 1$, $u_1 + u_4 \geq 1$, $u_2 + u_3 \geq 1$, $u_2 + u_4 \geq 1$

(14.3) $u_1 + u_2 + u_3 + u_4 \geq 2$

Hierbei wurden bereits einige redundante Ungleichheitsbeziehungen wie z.B. $u_1 + u_2 \geq 0$ oder $u_1 + u_2 + u_3 \geq 1$ weggelassen. Bedingung (14.1) bedeutet, dass eine Allokation im Kern individuellrational sein muss. Bedingung (14.2) besagt, dass jede Koalition, die ein Paar Schuhe produzieren kann, „im Kern" mindestens eine Auszahlung von 1 erhalten muss. Bedingung (14.3) ist die Entsprechung zu (14.2) mit Bezug auf die große Koalition. Damit u machbar ist, darf die Auszahlung nicht den Überschuss übersteigen, so dass aus (14.2) und (14.3)

$$(14.2') \quad u_1 + u_3 = u_1 + u_4 = u_2 + u_3 = u_2 + u_4 = 1 \quad \text{und}$$

$$(14.3') \quad u_1 + u_2 + u_3 + u_4 = 2$$

werden. Dieses Gleichungssystem wird von allen u der Form $u = (a, a, 1\text{-}a, 1\text{-}a)$ erfüllt mit $a \in [0,1]$. Damit erhalten wir den Kern des Spiels als $C(\Gamma) = \{(a, a, 1\text{-}a, 1\text{-}a) \mid a \in [0,1]\}$.

(b) Seien Spieler 1 und 2 wieder Mitglieder bei „Linker Schuh" und Spieler 3, 4 und der neuhinzugekommene Spieler 5 Mitglieder bei „Rechter Schuh". Dann lautet die charakteristische Funktion $v(S)$ mit

$$v(\varnothing) = 0$$

$$v(\{i\}) = 0 \text{ für } i = 1, \dots, 5$$

$$v(\{1,2\}) = v(\{3,4\}) = v(\{3,5\}) = v(\{4,5\}) = 0$$

$$v(\{3,4,5\}) = 0$$

$$v(\{1,3\}) = v(\{1,4\}) = v(\{1,5\}) = v(\{2,3\}) = \quad v(\{2,4\}) =$$
$$v(\{2,5\}) = 1$$

$$v(\{1,2,3\}) = v(\{1,2,4\}) = v(\{1,2,5\}) = v(\{1,3,4\}) =$$
$$v(\{2,3,4\}) = v(\{2,3,5\}) = v(\{2,4,5\}) = 1$$

$$v(\{1,3,4,5\}) = v(\{2,3,4,5\}) = 1$$

$$v(\{1,2,3,4\}) = v(\{1,2,3,5\}) = v(\{1,2,4,5\}) = 2$$

$$v(\{1,2,3,4,5\}) = 2$$

Eine Nutzenallokation u ist ein Element des Kerns, wenn folgende Bedingungen gelten

(14.4) $u_i \geq 0$ für $i = 1, \dots, 5$

(14.5) $u_1 + u_3 \geq 1$, $u_1 + u_4 \geq 1$, $u_1 + u_5 \geq 1$, $u_2 + u_3 \geq 1$,
$u_2 + u_4 \geq 1$, $u_2 + u_5 \geq 1$

(14.6) $u_1 + u_2 + u_3 + u_4 = u_1 + u_2 + u_3 + u_5 =$
$u_1 + u_2 + u_4 + u_5 \geq 2$

(14.7) $u_1 + u_2 + u_3 + u_4 + u_5 \geq 2$

Wiederum wurden einige redundante Ungleichheitsbeziehungen wie z.B. $u_1 + u_2 \geq 0$ oder $u_1 + u_3 + u_4 + u_5 \geq 1$ weggelassen. Um die Machbarkeit zu gewährleisten, muss in (14.5), (14.5) und (14.7) das Gleichheitszeichen an die Stelle der $\geq$ - Beziehung treten. Das Gleichungssystem hat dann die eindeutige Lösung $u = (1, 1, 0, 0, 0)$.

Anmerkung: Hier wird unterstellt, dass die Spieler kooperieren, wenn Kooperation ihnen denselben Nutzen bringt wie Nicht-Kooperation. Die Mitglieder von „Rechter Schuh" bekommen keine Auszahlung. Die Mitglieder von „Linker Schuh" teilen den Überschuss unter sich gleichmäßig auf. Die maximale Auszahlung von 2 wird erreicht, wenn mindestens 4 Spieler, darunter beide Mitglieder von „Linker Schuh", kooperieren. Da stets ein Spieler aus „Rechter Schuh" ohne Partner ist, sind alle 3 Mitglieder dieser Genossenschaft ersetzbar. Die Entlohnung für ihre Kooperation wird auf Null „herunterkonkurriert".

Anmerkung: Die Mitglieder von „Linker Schuh" können die Mitglieder von „Rechter Schuh" gegeneinander ausspielen, indem sie drohen, zwei der Spieler 3, 4 und 5 am Geschäft teilhaben zu lassen, was den dritten Spieler leer ausgehen ließe. Das Ergebnis des Kern-Konzeptes, $u = (1, 1, 0, 0, 0)$, erscheint hier sinnvoll, weil ein Überangebot an *Herstellern* von rechten Schuhen besteht, so dass diese keine Möglichkeit haben, die Drohung der Mitglieder von „Linker Schuh" mit einer Gegendrohung zu beantworten. Maschler (1976) zeigt, dass dieses Ergebnis nicht plausibel ist, wenn ein Überangebot an *rechten Schuhen* besteht, das nicht mit einem Überangebot an Herstellern einhergeht.

(c) Seien wieder Spieler 1 und 2 Mitglieder bei „Linker Schuh" und Spieler 3 und 4 Mitglieder bei „Rechter Schuh". Spieler 1 sei in der Lage, zwei linke Schuhe herzustellen. Dann lautet die charakteristische Funktion $v(S)$

$$v(\varnothing) = 0$$

$$v(\{i\}) = 0 \text{ für } i = 1, \dots, 4$$

$$v(\{1,2\}) = v(\{3,4\}) = 0$$

$$v(\{1,3\}) = v(\{1,4\}) = v(\{2,3\}) = v(\{2,4\}) = 1$$

$$v(\{1,2,3\}) = v(\{1,2,4\}) = v(\{2,3,4\}) = 1$$

$$\mathbf{v(\{1,3,4\}) = 2}$$

$$v(\{1,2,3,4\}) = 2 \ .$$

Diese charakteristische Funktion ist für alle Koalitionen identisch mit der derjenigen aus (a) mit Ausnahme von Koalition $\{1,3,4\}$. Eine Allokation u im Kern muss die Bedingungen (14.1), (14.2') und (14.3') aus (a) erfüllen sowie die Gleichung

$$(14.8) \quad u_1 + u_3 + u_4 = 2$$

Die eindeutig bestimmte Lösung dieses Gleichungssystems ist $u = (0, 0, 1, 1)$. Anders als in (a) besteht der Kern des abgewandelten Spiels also aus nur einem Element. Es zeichnet sich dadurch aus, dass die Mitglieder von „Linker Schuh" keine Auszahlung erhalten und die Mitglieder von „Rechter Schuh" jeweils eine Auszahlung von 1 bekommen. Falls sowohl im Spiel aus (a) als auch im abgewandelten Spiel (c) eine Allokation aus dem Kern ausgewählt wird, stehen Spieler 1 und 2 im abgewandelten Spiel schlechter da. Spieler 1 erleidet eine Nutzeneinbuße, obwohl sich seine „Produktivität" erhöht hat, er hat also einen Anreiz, seine Produktivität z.B. durch Teilzeitarbeit zu beschränken.

Literatur:

Maschler, M. (1976), An Advantage of the Bargaining Set over the Core, *Journal of Economic Theory* **13** (2), 184-192.

Mas-Colell, A., M. D. Whinston, und J. R. Green (1995), *Microeconomic Theory*. New York: Oxford University Press.

Moulin, H. (1988), *Axioms of Cooperative Game Theory*. New York: Cambridge University Press.

Owen, G. (1982), *Game Theory*, 3rd ed., New York: Academic Press.

Aufgabe 15: Geldanlage

(a) Lukas (L) hat 15.000 € gespart und möchte diese nun für die Dauer eines Jahres anlegen. Auf der Suche nach günstigen Konditionen trifft er auf ein Angebot der Generoso-Bank, bei dem der Zinssatz in Abhängigkeit vom Anlagebetrag steigt (siehe Tabelle 1). Daraufhin überzeugt Lukas seine Freunde Richie (R) und Felix (F), die 25.000 bzw. 10.000 € gespart haben, sich an seiner Anlage zu beteiligen und die Zinsen am Ende des Jahres zu teilen.

Anlagebetrag x	Zinssatz p.a.
5.000,- € $\leq$ x < 12.500,- €	2,5%
12.500,- € $\leq$ x < 25.000,- €	5,0%
25.000,- € $\leq$ x < 50.000,- €	7,5%
x $\geq$ 50.000,- €	10,0%

Tabelle 15-1: *Zinssatz in Abhängigkeit vom Anlagebetrag*

Die drei legen gemeinsam 50.000 € an. Felix schlägt vor, das Zinsaufkommen von 5000 € proportional zu den eingesetzten Anlagebeträgen zu verteilen. Beschreiben Sie das kooperative Spiel und prüfen Sie den Vorschlag von Felix mit Hilfe des Kerns.

(b) Stellen Sie den Kern des Spiels im Simplex $S^{(3)} = \{(u_L, u_R, u_F):$ $u_L + u_R + u_F = 5000$ und $u_L, u_R, u_F \geq 0\}$ dar.

(c) Steht sich Felix besser, wenn das Zinsaufkommen gemäß den Shapley-Werten Φ_i ($i \in \{L, R, F\}$) aufgeteilt wird? Interpretieren Sie Ihr Ergebnis.

(d) Die Generoso-Bank verbessert ihre Konditionen, indem sie bereits ab einem Anlagebetrag von 40.000 den Spitzenzinssatz von 10% gewährt. Wird sich die Aufteilung von Lukas, Richie und Felix verändern?

Lösung:

(a) Es handelt sich hier um das Problem, einen gemeinsam erwirtschafteten Überschuss aufzuteilen (surplus-sharing). Die Situation ist als kooperatives Spiel Γ in charakteristischer Form darstellbar, wenn L, R und F eine *verbindliche* Aufteilungsregel vereinbaren können. Wir haben die Spielermenge N = {L, R, F} und können eine charakteristische Funktion aufstellen, die jeder Koalition S von Spielern den Überschuss $v(S)$ zuordnet, den S erreichen kann.

Das Spiel ist definiert durch die charakteristische Funktion $v(S)$ mit

$$v(\varnothing) = 0$$
$$v(\{L\}) = 750$$
$$v(\{R\}) = 1875$$
$$v(\{F\}) = 250$$
$$v(\{L,R\}) = 3000$$
$$v(\{L,F\}) = 1875$$
$$v(\{R,F\}) = 2625$$

$v(\{L,R,F\}) = 5000.$

Ein wichtiges Kriterium zur Beurteilung von Felix' Aufteilung ist ihre Stabilität. Damit die „Koalition" N aller drei Freunde stabil ist, muss die Allokation des Überschusses so gestaltet werden, dass sie ein Element des Kerns $C(\Gamma)$ des Spiels Γ ist. Eine Überschussallokation $u = (u_L, u_R, u_F)$ im Kern hat die Eigenschaft, dass keine Koalition ihre Mitglieder besserstellen kann, indem sie eine Allokation $w \notin C(\Gamma)$, $w = (w_L, w_R, w_F)$ herbeiführt.

Ein Vektor $u = (u_L, u_R, u_F)$ ist ein Element des Kerns, wenn folgende Bedingungen erfüllt sind:

(15.1) $750 \leq u_L \leq 2375$

(15.2) $1875 \leq u_R \leq 3125$

(15.3) $250 \leq u_F \leq 2000$

Beispielsweise muss Lukas, wenn er sich beteiligen soll, mindestens 750 € erhalten, da er diesen Betrag auch allein erlösen könnte. Andererseits darf er nicht mehr als 2375 € erhalten, da dann die Koalition {R, F} weniger als 2625 € (= 5000 – 2375) erhielte. Da {R, F} sich stets 2625 € sichern kann, wäre eine Allokation, bei der Lukas mehr als 2375 € erhält, nicht stabil. Felix hat vorgeschlagen, den Zinsüberschuss proportional zu den eingesetzten Beträgen aufzuteilen, also jedem einen Ertrag von 10% zu gewähren. Dies führt zu der Aufteilung $u = (1500, 2500, 1000)$, d.h. Lukas bekommt $u_L = 1500$ €, Richie $u_R = 2500$ € und Felix $u_F = 1000$ €. u ist offenbar ein Element des Kerns und damit stellt damit eine unter dem Aspekt der Stabilität akzeptable Aufteilung dar.

(b) Jeder Punkt im Simplex $S^{(3)} = \{(u_L, u_R, u_F): u_L + u_R + u_F = 5000$ und $u_L, u_R, u_F \geq 0\}$ entspricht einer Allokation des Überschusses von 5000 € über die „Große Koalition" $\{L, R, F\}$. Da sich u_L, u_R und u_F stets zu 5000 addieren, reichen zwei Dimensionen zur Darstellung aller Allokationen (u_L, u_R, u_F) aus. Das Simplex ist dann die konvexe Hülle eines gleichseitigen Dreiecks (siehe Abbildungen 15-1 und 15-2). Jede „Eck-Allokation" entspricht einer Aufteilung, bei der jeweils einer der drei Spieler den gesamten Überschuss alleine bekommt. Sie sind in den Abbildungen 15-1 und 15-2 zusätzlich mit **L**, **R** und **F** gekennzeichnet. Bedingungen (15.1) – (15.3) aus Aufgabenteil (a) beinhalten sechs Ungleichungen. Jeder Ungleichung entspricht eine Halbebene im Simplex.

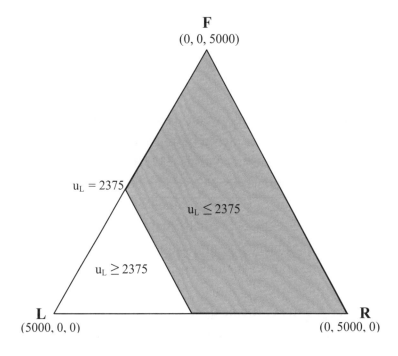

Abbildung 15-1: *Simplex des Zinsspiels mit Halbebenen*

Abbildung 15-1 zeigt, wie die Gerade $u_L = 2375$ den Simplex in zwei Halbebenen teilt, wobei die grau markierte Halbebene die Menge aller Allokationen ist, die die Ungleichung $u_L \leq 2375$ erfüllen. Das graue Sechseck in Abbildung 15-2 ist die Schnittmenge aller sechs zu den Ungleichungen gehörigen Halbebenen. Es entspricht dem Kern des Zinsspiels, d.h. der Menge aller Allokationen $u = (u_L, u_R, u_F)$, die Bedingung (15.1) – (15.3) erfüllen.

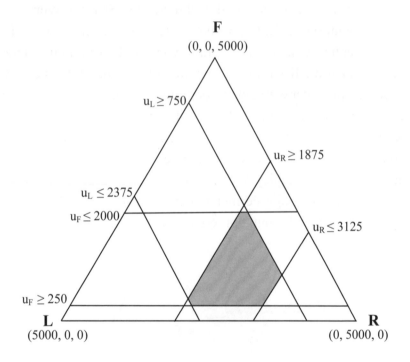

Abbildung 15-2: *Der Kern des Zinsspiels*

(c) Der Shapley-Wert Φ_i eines Spielers i in einem Spiel ist der durchschnittliche zusätzliche Wert, den Spieler i durch seinen Eintritt zum Wert der "Großen Koalition" beiträgt. Dabei wird jede Reihenfolge (Permutation), in der die „Große Koalition" gebildet werden kann, betrachtet und alle Permutationen gehen mit demselben Gewicht 1/n! in die Berechnung ein. Man stelle sich vor, dass die Spieler nacheinander in die „Große Koalition" eintreten und jeder von ihnen die gesamte zusätzliche Wertschöpfung erhält, die durch seinen Beitritt zur bisherigen Koalition entsteht. Bei drei Spielern {L, R, F} gibt es 3! = 6 Anordnungen der „Großen Koalition".

Tabelle 15-2 zeigt die Berechnung des Shapley-Wertes. Bei der Permutation (L, R, F) z.B. betrachten wir zunächst Spieler L allein. Er erzielt eine Wertschöpfung von 750 €. Tritt nun Spieler R hinzu, so hat die Koalition {L, R} einen Wert von 3000 (siehe Aufgabenteil (a)). Der Zusatzwert, der durch den Beitritt von Spieler R entstanden ist, beträgt also 2250. Mit dem Beitritt von Spieler F erreicht die Koalition den Wert 5000, die zusätzliche Wertschöpfung von Spieler F gegenüber der bisherigen Koalition {L, R} ist demnach 2000. Die Shapley-Werte ergeben sich schließlich als Durchschnittswerte über alle Permutationen. Ebenso wie die Beiträge der Spieler bei jeder Permutation ergänzen sich die Shapley-Werte natürlich zu 5000.

	Beitrag von Spieler …		
Permutation	L	R	F
(L,R,F)	750	2250	2000
(L,F,R)	750	3125	1125
(R,L,F)	1125	1875	2000
(R,F,L)	2375	1875	750
(F,L,R)	1625	3125	250
(F,R,L)	2375	2375	250
Summe	9000	14625	6375
Shapley-Wert Φ_i	1500	2437,5	1062,5

Tabelle 15-2: *Berechnung der Shapley-Werte im Zinsspiel aus (a)*

Bei einer Verteilung nach Shapley-Werten erhält Lukas 1500 € (10%), Richie 2437,50 € (9,75%) und Felix 1062,50 € (10,625%). Felix kommt hier also besser weg als bei seinem eigenen Vorschlag. Der Shapley-Wert trägt der Tatsache Rechnung, dass Felix' Kooperation zum Erreichen der 50.000 € - Grenze unerlässlich ist. Wie auch in Tabelle 15-2 zu erkennen ist, fällt der Zusatzwert von Felix' Beitritt mit 2000 besonders hoch aus, wenn er als letzter in die „Große Koalition" kommt.

Anmerkung: Die Shapley-Werte können auch mit Hilfe der Formel

$$\Phi_i = \frac{1}{n!} \sum_{s} (s-1)!(n-s)![v(S) - v(S \setminus \{i\})]$$

für alle $S \subset N$ und $i \in S$.

berechnet werden. Hierbei bezeichnet s die Zahl der Spieler in Koalition S und n die Gesamtzahl der Spieler. Durch $(s-1)!$ werden alle Anordnungen der Menge S\{i\} von Spielern berücksichtigt, die bereits vor dem Zutritt von Spieler i in die „Große Koalition" eingetreten ist. $(n-s)!$ gibt die Zahl der Anordnungen der übrigen Spieler an, d.h. der Spieler, die nach i der „Großen Koalition" beitreten. Der Ausdruck in der eckigen Klammer gibt den Zusatz-Beitrag des Spielers i zur Koalition S an. Durch Multiplikation mit dem Faktor $1/n!$ erhält man den Durchschnitt der Zusatz-Beiträge von Spieler i, wenn alle $n!$ Permutationen als gleichwahrscheinlich angenommen werden. $(s-1)!(n-s)!/n!$ drückt die Wahrscheinlichkeit aus, dass i einer Koalition S\{i\} beitritt, sofern man alle möglichen Anordnungen der Spieler $1, \ldots, i, \ldots, n$ berücksichtigt.

(d) Die charakteristische Funktion v(S) ändert sich durch die Verbesserung der Konditionen nur für die Koalition {L, R}, die über 40.000 € verfügt und nun den Zinssatz von 10% erhält statt bisher 7,5%. Daher haben wir anders als in Aufgabenteil (a) jetzt v({L,R}) = 4000. Damit ändern sich die Bedingungen dafür, dass ein Vektor $u = (u_L, u_R, u_F)$ ein Element des Kerns ist zu:

(15.4) $\quad 750 \leq u_L \leq 2375$

(15.5) $\quad 1875 \leq u_R \leq 3125$

(15.6) $\quad 250 \leq u_F \leq 1000$

Anhand von Abbildung 15-2 erkennt man, dass der Kern kleiner wird. Die proportionale Aufteilung (1500, 2500, 1000) ist aber nach wie vor ein Element des Kerns. Bei Aufteilung nach Shapley-

Werten (s. Tabelle 15-3) erhält Lukas in diesem Spiel 1666,67 €
(11,11%), Richie 2604,17 € (10,42%) und Felix 729,17 € (7,29%).
Dies spiegelt die veränderte Verhandlungsstärke der drei Spieler
wider: Felix ist jetzt nicht mehr notwendig, um den höheren Zinssatz von 10% zu erreichen, daher reduziert sich sein Anteil stark.

Permutation	Beitrag von Spieler …		
	L	R	F
(L,R,F)	750	3250	1000
(L,F,R)	750	3125	1125
(R,L,F)	2125	1875	1000
(R,F,L)	2375	1875	750
(F,L,R)	1625	3125	250
(F,R,L)	2375	2375	250
Summe	10000	15625	4375
Shapley-Wert Φ_i	1666,67	2604,17	729,17

Tabelle 15-3: *Berechnung der Shapley-Werte im Zinsspiel aus
(d)*

Aufgabe 16: Gebührenspiel

(a) Die Kosten der Wasserversorgung von vier Gemeinden (N = {1, 2, 3, 4}) werden durch die folgende charakteristische Funktion wiedergegeben. Sie drückt die Kosten der Wasserversorgung für die jeweilige „Koalition" K $\subseteq$ N aus.

$C(\varnothing) = 0$

$C(\{i\}) = 300$ für alle $i \in N$

$C(\{1,2\}) = C(\{3,4\}) = 400$

$C(\{1,3\}) = C(\{1,4\}) = C(\{2,3\}) = C(\{2,4\}) = 500$

$C(\{1,2,3\}) = C(\{1,2,4\}) = C(\{1,3,4\}) = C(\{2,3,4\}) = 600$

$C(\{1,2,3,4\}) = 700$

Die Kosten sollen durch ein Gebührensystem $r = (r_1, r_2, r_3, r_4)$ mit $r_1 + r_2 + r_3 + r_4 = 700$ gedeckt werden. Geben Sie die Bedingung dafür an, dass ein Gebührenvektor $r = (r_1, r_2, r_3, r_4)$ im Kern ist.

Hinweis: Es wird unterstellt, daß alle Mitglieder von N gleichermaßen Nutzen aus der Wasserversorgung beziehen, die Gebühren aber unterschiedlich gestaltet werden können.

(b) Die Gebühren, die Gemeinde 4 zu zahlen hat, seien von einer externen Autorität, etwa dem Staat, auf $r_4 = 100$ festgesetzt worden. Stellen Sie nun den Kern des Spiels mit Hilfe eines Simplex dar.

(c) Es sei weiter $r_4 = 100$. Die Gebühren sollen gemäß dem Shapley-Wert aufgeteilt werden. Berechnen Sie den entsprechenden

Vektor $r^\circ = (r_1^\circ, r_2^\circ, r_3^\circ)$ und überprüfen Sie, ob sich r° im Kern befindet.

(d) Warum ist es vorteilhaft, wenn ein Gebührensystem ein Element des Kerns ist?

Lösung:

(a) Die charakteristische Funktion $c(\cdot)$ definiert ein kooperatives Spiel Γ, wenn die vier Dörfer *verbindliche* Aufteilungsregeln vereinbaren können. Wir ermitteln die Bedingungen dafür, dass ein Beitragssystem r ein Element des Kerns von Γ ist, mit Hilfe des **Zusatz-Kosten-Tests**:

$$r(K) \geq c(N) - c(N\backslash K) \qquad \text{für alle } K \subseteq N.$$

Der Zusatz-Kosten-Test fordert, dass jede Koalition K mindestens die (zusätzlichen) Kosten trägt, die durch ihre Teilnahme an der Großen Koalition N entstehen. Ist diese Bedingung nicht erfüllt, besteht für die Mitglieder der Gegenkoalition N\K ein Anreiz, ein „eigenständiges" Versorgungsarrangement ohne K umzusetzen.

Anmerkung: Da sich keine Koalition durch eine „eigenständige" Wasserversorgung besser stellen, wenn das Beitragssystem r den Zusatz-Kosten-Test erfüllt, ist dieser gleichwertig zum auf Koalitionen angewendeten **Stand-Alone-Test**. Dieser besagt, dass die Mitglieder von K nur dann in einer Koalition mitwirken, wenn die Summe der Gebühren, die sie zahlen müssen, kleiner als die Kosten c(K) sind (oder gleich).

Wenden wir den Zusatz-Kosten-Test auf die obige charakteristische Funktion an, erhalten wir folgende Bedingungen:

(16.1) $r_i \geq 100$ für $i = 1, \dots, 4$

(16.2) $r_1 + r_2 \geq 300,$

(16.3) $r_3 + r_4 \geq 300,$

(16.4) $r_1 + r_2 + r_3 + r_4 = 700.$

Hierbei wurden bereits einige redundante Ungleichheitsbeziehungen wie z.B. $r_1 + r_4 \geq 200$ weggelassen. Natürlich ist auch $r_1 + r_2 \leq 400$ redundant, wenn man (16.3) berücksichtigt. Alle Gebührenallokationen, die das Ungleichungssystem (16.1) - (16.4) erfüllen, bilden den Kern von Γ.

(b) Nach der Festlegung $r_4 = 100$ bleiben Kosten in Höhe von 600 Geldeinheiten (GE), die auf die Gemeinden 1, 2 und 3 umzulegen sind. Zur Darstellung dieses Problems reicht der (zweidimensionale) Simplex $S^{(3)} = \{(r_1, r_2, r_3): r_1 + r_2 + r_3 = 600$ und $r_1, r_2, r_3 \geq 0\}$ aus (vgl. Aufgabe 15). Jeder Punkt im Simplex $S^{(3)}$ entspricht einer Allokation der Kosten von 600 GE über die Koalition $\{1, 2, 3\}$.

Jede „Eck-Allokation" entspricht einer Aufteilung, bei der jeweils eine der drei Gemeinden die gesamten Kosten von 600 GE alleine aufgebürdet bekommt. Sie sind in Abbildung 16-1 mit **1, 2** und **3** gekennzeichnet. Die Bedingungen (16.1) – (16.4) aus Aufgabe (a) unter Berücksichtigung von $r_4 = 100$ legen die Linien fest, die den Simplex in Abbildung 16-1 in Halbebenen teilen. Das graue Parallelogramm in Abbildung 16-1 ist die Schnittmenge aller vier zu den Ungleichungen gehörigen Halbebenen. Es entspricht dem Kern des restlichen Gebührenspiels, d.h. der Menge aller Vektoren (r_1, r_2, r_3), die für $r_4 = 100$ die Bedingungen (16.1) – (16.4) gleichzeitig erfüllen.

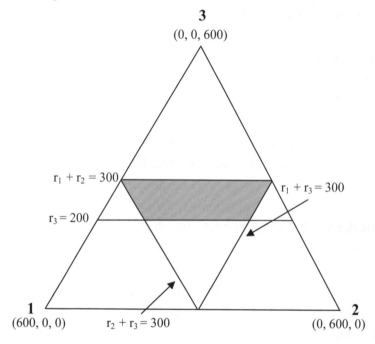

Abbildung 16-1: *Der Kern des Gebührenspiels*

(c) Der Shapley-Wert $\Phi = (\Phi_1, \Phi_2, \Phi_3)$ ordnet jedem der Spieler i (i = 1, 2, 3) die durchschnittlichen zusätzlichen Kosten zu, die Spieler i durch seinen Eintritt zu den Kosten der "Großen Koalition" beiträgt. Dabei betrachten wir jede Reihenfolge (Permutation), in der die „Große Koalition" gebildet werden kann, und jede Permutation erhält dasselbe Gewicht, 1/n!, in der Berechnung. (Zur Berechnung des Shapley-Wertes vergleiche auch Aufgabe 15(c).) Bei drei Spie-

lern {1, 2, 3} gibt es 3! = 6 Anordnungen der „Großen Koalition".
Tabelle 16-1 fasst die Berechnung zusammen. Betrachten wir als
Beispiel die Permutation (1,2,3). Zunächst steht Gemeinde 1 alleine
da, laut charakteristischer Funktion kostet ihre Wasserversorgung
300 GE. Tritt nun Gemeinde 2 hinzu, so hat die Koalition {1,2}
Kosten von c({1,2}) = 400. Die Zusatzkosten, die durch den Beitritt von Gemeinde 2 gegenüber der Koalition {1} entstanden sind,
betragen also 100 GE. Mit dem Beitritt von Gemeinde 3 betragen
die Gesamtkosten c({1,2,3}) = 600; die durch Gemeinde 3 verur-
sachten zusätzlichen Kosten gegenüber der Koalition {1,2} sind
200. Die Shapley-Werte ergeben sich schließlich als Durchschnittswerte über alle Permutationen. Ebenso wie die Zusatzkosten aller Gemeinden bei jeder Permutation ergänzen sich die Shapley-Werte zu 600.

Anmerkung: Natürlich können die Shapley-Werte auch mit Hilfe
der Formel aus Aufgabe 15(c) berechnet werden.

	Zusatzkosten der Gemeinden		
Permutation	1	2	3
(1,2,3)	300	100	200
(1,3,2)	300	100	200
(2,1,3)	100	300	200
(2,3,1)	100	300	200
(3,1,2)	200	100	300
(3,2,1)	100	200	300
Summe	1100	1100	1400
Shapley-Wert Φ_i	$183,\overline{3}$	$183,\overline{3}$	$233,\overline{3}$

Tabelle 16-1: *Berechnung der Shapley-Werte im Gebührenspiel*

Die Anwendung des Shapley-Wertes ergibt das Gebührensystem $r°$
= $(183,\overline{3}, 183,\overline{3}, 233,\overline{3})$. Dieses liegt im Kern des Restspiels,
denn es erfüllt für $r_4 = 100$ die Bedingungen (16.1) – (16.4) aus
Aufgabenteil (a). Da auch $r_4 = 100$ mit einer Gebührenallokation
im Kern vereinbar ist, liegt der Vektor $\hat{r}$ = $(183,\overline{3}, 183,\overline{3}, 233,\overline{3},$
100) im Kern des nicht-reduzierten Vier-Personen-Spiels. Allge-
mein gilt, dass der Shapley-Wert in konvexen kooperativen Spielen
stets ein Element des Kerns ist.

Anmerkung: Ein konvexes (kooperatives) Spiel ist nicht gleichbe-
deutend mit einem konvexen Auszahlungsraum (s. Aufgabe 17).
Konvexe Spiele gehen auf Shapley (1971) zurück. Ein kooperatives
Spiel heißt konvex, falls

$$v(S \cup \{i\}) - v(S) \le v(T \cup \{i\}) - v(T)$$

für alle $i \in N$ und alle Koalitionen $S \subseteq T \subseteq N \setminus \{i\}$ gilt. Dies drückt
aus, das der Grenznutzen eines Koalitionsbeitritts um so höher ist,
je größer die betreffende Koalition ist (falls man den Wert der Koalition, $v(K)$, als deren Nutzen interpretiert).

(d) Der Kern ist definiert als die Menge aller machbaren Allokationen, gegenüber denen keine Koalition ihre Mitglieder „aus eigener
Kraft" besser stellen kann. Wenn sich die vier Gemeinden auf eine
Gebührenaufteilung geeinigt haben, die sich im Kern befindet,
dann lohnt sich für keine Koalition von Gemeinden ein „eigenständiges" Versorgungsarrangement. Eine Gebührenallokation, die den
Zusatz-Kosten-Test verletzt (und damit nicht im Kern ist), bedeutet, dass die Koalition N\K die Koalition K subventioniert. Derarti-
ge Kreuzsubventionen führen aber in einem nicht-wiederholten

Spiel, bei dem für die Teilnahme der Gemeinden an der gemeinschaftlichen Wasserversorgung Freiwilligkeit vorausgesetzt wird, zu Instabilität bzw. eine gemeinsame Lösung kommt nicht zustande. Das ist problematisch, denn eine Lösung, die im Kern liegt, ist effizient (also Pareto-optimal).

Literatur:

Holler, M.J. und G. Illing (2006), *Einführung in die Spieltheorie*, 6. Auflage, Berlin u.a.: Springer-Verlag.

Faulhaber, G. (1975), Cross-Subsidization: Pricing in Public Enterprises, *American Economic Review* **65** (5), 966-977.

Shapley, L.S. (1971), Cores of Convex Games, *International Journal of Game Theory* **1**, 11-26, 199.

Aufgabe 17: Das Konkurs-Problem

(a) Ein Unternehmen meldet Konkurs an. Es gibt drei Gläubiger A, B und C, denen das Unternehmen jeweils 100.000 Euro, 200.000 Euro und 300.000 Euro schuldet. Die Ansprüche aller drei Gläubiger sind gerechtfertigt. Das Vermögen des insolventen Unternehmens (Insolvenzmasse) beträgt jedoch deutlich weniger als die 600.000 Euro, die notwendig wären, damit alle Gläubiger ihre Ansprüche vollständig befriedigen könnten. Im Babylonischen Talmud wird ein analoges Problem geschildert und eine Aufteilung vorgeschlagen, die von der Höhe der Insolvenzmasse abhängt. Tabelle 17-1 beschreibt die talmudische Lösung für unser Problem.

Welche Prinzipien könnten den Aufteilungen in Tabelle 17-1 zugrunde liegen?

Insolvenzmasse	Anteile der Gläubiger		
	A	B	C
100.000	$33.333,\overline{3}$	$33.333,\overline{3}$	$33.333,\overline{3}$
200.000	50.000	75.000	75.000
300.000	50.000	100.000	150.000

Tabelle 17-1: *Die talmudische Lösung des Konkurs-Problems*

(b) Das Konkurs-Problem kann als kooperatives Spiel mit der Spielermenge N = {A, B, C} aufgefasst werden: Jede Koalition S ⊆ N erhält so viel, wie sich S ohne Gerichtsverfahren sichern kann, nämlich die restliche Insolvenzmasse, nachdem die komplementäre

Koalition N\S ihre Ansprüche vollständig befriedigt hat. Falls N\S die gesamte Insolvenzmasse „verbraucht", erhält S nichts.

Stellen Sie dieses kooperative Spiel *für eine Insolvenzmasse von 200.000 Euro* in charakteristischer Form dar und berechnen Sie den Vektor (Φ_A, Φ_B, Φ_B), der einer Aufteilung gemäß dem Shapley-Wert Φ entspricht.

(c) Diese Teilaufgabe stellt eine weitere kooperative Lösung, den **Nucleolus**, für ein Spiel in charakteristischer Form vor, wobei wir uns auf den 3-Personen-Fall beschränken.

Für einen Auszahlungsvektor $x = (x_A, x_B, x_C) \geq 0$ und eine Koalition $S \subseteq N$ bezeichne

$$e(x, S) = v(S) - \sum_{i \in S} x_i$$

den **Überschuss** (excess) von S an der Stelle x. Bezeichne $\theta(x) = (\theta_1(x), \ldots, \theta_8(x))$, $\theta_k(x) = e(x, S_k)$, den Vektor der geordneten Überschüsse der acht Koalitionen, wobei von größeren zu kleineren Überschüssen geordnet wird. Ein Vektor θ heißt lexikographisch kleiner als θ', $\theta <_L \theta'$, wenn es eine Indexzahl k, $1 \leq k \leq 8$, gibt, so daß $\theta_i = \theta'_i$ für $1 \leq i < k$ und $\theta_k < \theta'_k$ gilt.

Berechnen Sie für das kooperative Spiel aus (b) und die Auszahlungsvektoren $u = (30.000, 70.000, 100.000)$, $w = (40.000, 80.000, 80.000)$, $x = (50.000, 75.000, 75.000)$, $y = (60.000, 60.000, 80.000)$ und $z = (66.666\,\tfrac{2}{3}, 66.666\,\tfrac{2}{3}, 66.666\,\tfrac{2}{3})$ die zugehörigen $\theta(\cdot)$. Welches θ ist lexikographisch minimal?

Lösung:

(a) Bei einer Insolvenzmasse von 100.000 Euro wird eine gleichmäßige Verteilung vorgeschlagen. Dies könnte damit zu begründen
sein, dass alle Ansprüche, die über die gesamte Insolvenzmasse
von 100.000 Euro hinausgehen, ohnehin nicht zu befriedigen wären
und damit für die Aufteilung irrelevant sein sollten. Jeder der drei
Gläubiger findet also nur mit einem Anspruch von 100.000 Euro
Berücksichtigung.

Die Aufteilung der Insolvenzmasse von 300.000 Euro wird offenbar propotional zu den Ansprüchen vorgenommen. Eine proportionale Verteilung räumt jedem Euro aus den drei Ansprüchen gleiche Wichtigkeit ein.

Der schwierigste Fall ist der Vorschlag für eine Insolvenzmasse von 200.000 Euro: Ihm liegt weder eine Gleichverteilung
oder eine proportionale Verteilung noch ein anderes unmittelbar
erkennbares Prinzip zugrunde.

(b) Die charakteristische Funktion ordnet jeder Koalition $S \subseteq N$ von
Spielern eine Auszahlung $v(S)$ zu, die S ohne Gerichtsverfahren erreichen kann.

Das Spiel ist definiert durch die charakteristische Funktion
$v(S)$ mit

$$v(\varnothing) = 0$$

$$v(\{A\}) = 0$$

$$v(\{B\}) = 0$$

$$v(\{C\}) = 0$$

$$v(\{A,B\}) = 0$$

$$v(\{A,C\}) = 0$$

$v(\{B,C\}) = 100.000$

$v(\{A,B,C\}) = 200.000$.

Tabelle 17-2 zeigt die Berechnung der Shapley-Werte. Betrachten wir die Permutation (C, B, A). Spieler C erzielt alleine eine Auszahlung von 0. Tritt nun Spieler B hinzu, so hat die Koalition {C, B} einen Wert von 100.000. Der Zusatzwert, der durch den Beitritt von Spieler B entstanden ist, beträgt also 100.000. Mit dem Beitritt von Spieler A erreicht die Koalition den Wert 200.000, die zusätzliche Wertschöpfung von Spieler A gegenüber der bisherigen Koalition {C, B} ist demnach 100.000. Die Shapley-Werte ergeben sich schließlich als Durchschnittswerte über alle Permutationen. Ebenso wie die Beiträge der Spieler bei jeder Permutation ergänzen sich die Shapley-Werte natürlich zu 200.000. Bei einer Verteilung nach Shapley-Wert erhält Gläubiger A 33.333,$\overline{3}$ Euro und Gläubiger B und C erhalten jeweils 83.333,$\overline{3}$ Euro.

| Permutation | Beitrag von Spieler … | | |
	A	B	C
(A,B,C)	0	0	200.000
(A,C,B)	0	200.000	0
(B,A,C)	0	0	200.000
(B,C,A)	100.000	0	100.000
(C,A,B)	0	200.000	0
(C,B,A)	100.000	100.000	0
Summe	200.000	500.000	500.000
Shapley-Wert Φ_i	33.333,$\overline{3}$	83.333,$\overline{3}$	83.333,$\overline{3}$

Tabelle 17-2: *Berechnung der Shapley-Werte für das Konkurs-Problem*

Anmerkung: Natürlich können die Shapley-Werte auch mit Hilfe der Formel aus Aufgabe 15(c) berechnet werden.

Anmerkung: Die Aufteilung gemäß dem Shapley-Wert kann auch folgendermaßen interpretiert werden: Alle drei Gläubiger erheben Anspruch auf die ersten 100.000 Euro Insolvenzmasse. Daher werden diese gleich auf alle drei verteilt. Die zweiten 100.000 Euro werden nur von den Gläubigern B und C beansprucht und werden daher gleichmäßig auf diese beiden verteilt. Damit erhält A $100.000/3 = 33.333,\overline{3}$ Euro und Gläubiger B und C erhalten jeweils $33.333,\overline{3} + 100.000/2 = 83.333,\overline{3}$ Euro. Littlechild und Owen (1973) zeigen, unter welchen Umständen der Shapley-Wert auf diese einfache Weise berechnet werden kann.

(c) Bevor wir mit der Berechnung der Überschüsse beginnen, betrachten wir noch einmal die Definition

$$e(x, \mathrm{S}) = v(\mathrm{S}) - \sum\nolimits_{i \in S} x_i \ .$$

Der Überschuss einer Koalition S ist die Differenz zwischen der Auszahlung $v(\mathrm{S})$, die sie sich „selbständig" im kooperativen Spiel sichern kann, und dem, was der Auszahlungsvektor x für die Mitglieder von S zusammen vorsieht. Ist $e(x, \mathrm{S})$ positiv, wird S einer Aufteilung gemäß Auszahlungsvektor x widersprechen. Allgemein gilt: Je größer der Überschuss $e(x, \mathrm{S})$ einer Koalition S, umso eher wird S einen Einwand gegen x erheben. Durch die Minimierung der Überschüsse wird relative Stabilität erreicht, auch wenn der Auszahlungsvektor x nicht im Kern ist.

Wir berechnen nun für die Auszahlungsvektoren $u = (30.000, 70.000, 100.000)$, $w = (40.000, 80.000, 80.000)$, $x = (50.000,$

75.000, 75.000), y = (60.000, 60.000, 80.000) und z = (66.666⅔, 66.666⅔, 66.666⅔) die Überschüsse aller möglichen Koalitionen der drei Spieler. Tabelle 17-3 fasst die Ergebnisse zusammen. Der Überschuss der Koalition {B, C}, nämlich $e(u, \{B, C\})$ = -70.000 (in der Tabelle fett markiert), errechnet sich beispielsweise aus $v(\{B, C\})$ = 100.000 – ($u_B + u_C$) = 100.000 – (70.000 + 100.000) = -70.000.

S	v(S)	e(u, S)	e(w, S)	e(x, S)	e(y, S)	e(z, S)
∅	0	0	0	0	0	0
{A}	0	-30.000	-40.000	-50.000	-60.000	-66.666⅔
{B}	0	-70.000	-80.000	-75.000	-60.000	-66.666⅔
{C}	0	-100.000	-80.000	-75.000	-80.000	-66.666⅔
{A,B}	0	-100.000	-120.000	-125.000	-120.000	-133.333⅓
{A,C}	0	-130.000	-120.000	-125.000	-140.000	-133.333⅓
{B,C}	100.000	**-70.000**	-60.000	-50.000	-40.000	-33.333⅓
{A,B,C}	200.000	0	0	0	0	0

Tabelle 17-3: *Berechnung von Überschüssen für das Konkurs-Problem*

Wir erhalten die folgenden geordneten Überschüsse:

$\theta(u)$ = (0, 0, -30.000, -70.000, -70.000, -100.000, -100.000, -130.000),

$\theta(w)$ = (0, 0, -40.000,-60.000, -80.000,-80.000,-120.000, -120.000),

$\theta(x)$ = (0,0,-50.000, -50.000, -75.000, -75.000, -125.000, -125.000),

$\theta(y) = (0,0, -40.000, -60.000, -60.000, -80.000, -120.000, -140.000)$

und

$\theta(z) = (0,0,-33.333\frac{1}{3},-66.666\frac{2}{3}, -66.666\frac{2}{3}, -66.666\frac{2}{3}, -133.333\frac{1}{3}, -133.333\frac{1}{3}).$

Der Vektor $\theta(x)$ ist der lexikographisch kleinste der fünf, da er im ersten und zweiten Eintrag mit den anderen vier Vektoren übereinstimmt, sein dritter Eintrag (-50.000) jedoch kleiner ist als die entsprechenden Einträge in den anderen Vektoren.

Die Auszahlungsvektoren u, w, x, y und z sind nur Beispiele aus der Menge aller Auszahlungsvektoren. Die Menge aller Auszahlungsvektoren in diesem Spiel ist konvex und kompakt und könnte mit Hilfe eines zwei-dimensionalen Simplex $S^{(3)} = \{(u_A, u_B, u_C): u_A + u_B + u_C = 200.000$ und $u_A, u_B, u_C \geq 0\}$ dargestellt werden (vgl. dazu Aufgabe 15: Geldanlage).

$\theta(x)$ ist nicht nur unter unseren Beispielvektoren lexikographisch minimal, sondern man kann zeigen, dass $x = (50.000, 75.000, 75.000)$ den Vektor $\theta(\cdot)$ unter *allen* machbaren und effizienten Auszahlungsvektoren lexikographisch minimiert.

Die Menge aller Auszahlungsvektoren mit dieser Eigenschaft bildet den **Nucleolus**. Dieses Lösungskonzept für kooperative Spiele wurde von Schmeidler (1969) formuliert. Durch die Minimierung der Überschüsse wird relative Stabilität erreicht. Sofern der **Kern** eines kooperativen Spiels nicht leer ist, ist der Nucleolus denn auch ein Bestandteil des Kerns (vgl. Shubik (1984, S. 339–340); Moulin (1988, S. 121–124)).

Falls die Menge von Auszahlungsvektoren eines Spiels kompakt, konvex und nicht-leer ist, dann besteht der Nucleolus aus nur einem Element. Man kann den Nucleolus also unter schwachen

Voraussetzungen als eine Ein-Punkt-Lösung bezeichnen. Das lineare Minimierungsproblem, das mit der Berechnung des Nucleolus verbunden ist, wird bei Owen (1995, S. 328–334) detailliert beschrieben.

Es scheint, als würde der Talmud eine Aufteilung gemäß Nucleolus zur Lösung des Konkurs-Problems verwenden. Auch die Vorschläge für eine Insolvenzmasse von 100.000 bzw. 300.000 Euro in Tabelle 17-1 entsprechen den Nucleoli der jeweiligen Spiele, die hier mit der egalitären bzw. der proportionalen Aufteilung zusammenfallen. Aumann und Maschler (1985) vermuten, dass die Vorschläge in Verallgemeinerung einer einfacheren Aufteilungsregel („Der Streit ums gefundene Gewand") zustandegekommen sein könnten, die ebenfalls im Talmud (Baba Mezia 2a) beschrieben wird.

Literatur:

Aumann, R. und M.Maschler (1985), Game Theoretic Analysis of a Bankruptcy Problem from the Talmud, *Journal of Economic Theory* **35** (2), 195-213.

Holler, M.J. und G. Illing (2006), *Einführung in die Spieltheorie*, 6. Auflage, Berlin u.a.: Springer-Verlag.

Littlechild, S.C. und G. Owen (1973), A Simple Expression for the Shapley Value in a Special Case, *Management Science* **20** (3), 370-372.

Moulin, H. (1988), *Axioms of Cooperative Decision Making*, Cambridge: Cambridge University Press.

Owen, G. (1982), *Game Theory*, 3rd ed., New York: Academic Press.

Schmeidler, D. (1969), The Nucleolus of a Characteristic Function Game, SIAM *Journal of Applied Mathematics* **17**, 1163-1170.

Shubik, M. (1984), *Game Theory in the Social Sciences: Concepts and Solutions*, Cambridge (Mass.): MIT Press.

Aufgabe 18: Störfang

Die Störe im Kaspischen Meer werden wegen ihres Kaviars u.a. von Fischern aus dem Iran (I), Kasachstan (K) und Russland (R) gejagt. Der Fischbestand kann nur dann dauerhafte Erträge bringen, wenn sich die Fischfangflotten beim Fang beschränken (b). Jedoch erzielt eine Flotte, die sich nicht beschränkt (¬b) und z.B. auch junge Störe fängt, einen höheren Ertrag und Gewinn, *sofern nicht alle drei Flotten unbeschränkt fangen*. In diesem Fall wird der Fischbestand dauerhaft vermindert, so dass die Fangkosten für alle Fischer steigen und die Gewinne sinken.

(a) Diskutieren Sie das sequentielle Spiel in Abbildung 18-1 in Bezug auf Nash-Gleichgewichte. Die Auszahlungen sind am Ende jedes Pfades angegeben, so führt z.B. der Pfad (b, b, ¬b) zu einer Auszahlung von je 0 für Spieler I und K und einer Auszahlung von 3 für Spieler R.

Anmerkung: Das Spiel in Abbildung 18-1 ist auch in Normalform darstellbar. Die Form eines Spielbaums wurde hier gewählt, um die Analyse zu erleichtern.

(b) In dem 3-Personen-Spiel aus (a) sei nun Koalitionsbildung zugelassen. Die Mitglieder einer Koalition S können *verbindliche* Abmachungen treffen.

Stellen Sie die charakteristische Funktion $v(S)$ für dieses kooperative Spiel auf. $v(S)$ misst die Auszahlung, die sich eine Koalition S gegen die Gegenkoalition N\S, N = {I, K, R}, sichern kann, wenn N\S sich formiert und die eigene Auszahlung maximiert.

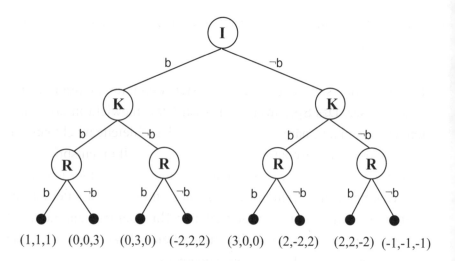

Abbildung 18-1: *Störfang*

(c) Berechnen Sie den Kern des kooperativen Spiels aus (b). Interpretieren Sie das Ergebnis.

Lösung:

(a) Für jeden der drei Spieler ist ¬b, also unbeschränktes Fischen, eine dominante Strategie. Das bedeutet, dass es für einen Spieler stets besser ist, ¬b zu spielen, unabhängig davon, wofür sich die anderen Spieler entscheiden. Für Spieler I gilt etwa:

(¬**b**, b, b) $\succ_I$ (**b**, b, b)   (beide Gegenspieler beschränken sich)

(¬**b**, ¬b, ¬b) $\succ_I$ (**b**, ¬b, ¬b) (beide Gegenspieler beschränken sich nicht)

($\neg$**b**, b, $\neg$b) $\succ_I$ (**b**, b, $\neg$b)   (ein Gegenspieler beschränkt sich, der andere nicht)

Ebenso stellen sich Spieler K und R stets durch unbeschränktes Fischen besser. Das Spiel weist ein Nash-Gleichgewicht in dominanten Strategien auf, nämlich ($\neg$b, $\neg$b, $\neg$b). Das Gleichgewicht besteht also in der Überfischung des Störbestandes. Ihm entspricht der Auszahlungsvektor (-1, -1, -1), das Gleichgewicht ist ineffizient.

Das Spiel in Abbildung 18-1 stellt sich damit als **3-Personen-Gefangenendilemma** (vgl. Aufgabe 1: Das Gefangenendilemma) heraus. Beschränken sich alle drei Spieler, bekommen sie eine Auszahlung von je 1. Das Gefangenendilemma entsteht, weil ein Spieler, der sich als einziger nicht beschränkt, eine Auszahlung von 3 erhält, und noch eine Auszahlung von 2, wenn er einer von zwei Spielern ist, die uneingeschränkt fischen. Hingegen bekommt ein Spieler, der sich als einziger Beschränkungen auferlegt, die schlechteste Auszahlung, nämlich -2.

Anmerkung: Da für jeden der Spieler $\neg$b eine dominante Strategie ist, spielt die sequentielle Struktur des Spiels keine Rolle. Das Ergebnis verändert sich nicht, wenn simultane Züge angenommen werden.

(b) Die charakteristische Funktion v(S) dieses kooperativen Spiels soll die Auszahlung messen, die sich S sichern kann, *wenn die Gegenkoalition N\S ihre Auszahlung maximiert.* Diese charakteristische Funktion ist problematisch, da angenommen wird, dass sich zu einer Koalition S stets die Gegenkoalition N\S bildet, – und zwar ungeachtet dessen, dass dieses Verhalten möglicherweise nicht rational ist. Zum Problem der Definition der charakteristischen Funktion siehe Holler (1991).

Beginnen wir mit {I}, d.h. der Koalition, die nur aus Spieler I
besteht. Wenn Spieler I sich für b entscheidet, können sich Spieler
K und R eine gemeinsame Auszahlung von 4 sichern, indem beide
¬b spielen. Die Auszahlung für Spieler I beträgt dann -2. Wählt
Spieler I ¬b, kann die Koalition {K, R} bestenfalls eine gemeinsame Auszahlung von 0 erreichen, indem sie entweder das Strategiepaar (b, ¬b) oder (¬b, b) verwirklicht. Wir sehen: Spieler I kann
sich durch die Wahl von ¬b eine Auszahlung von 2 sichern.

Ebenso kann sich Spieler K gegen die auszahlungsmaximie-
rende Koalition {I, R} eine Auszahlung von 2 sichern, indem er ¬b
spielt: Hat Spieler I nämlich b gespielt und Spieler K wählt ¬b, bekommt er mindestens eine Auszahlung von 2. Hat Spieler I hingegen ¬b gespielt und Spieler K wählt ebenfalls ¬b, dann wird R sich
für b entscheiden, da er mit Spieler I eine Koalition bildet. Auf diese Weise erhält die Koalition {I, R} eine Auszahlung von 0 und
{K} eine Auszahlung von 2.

Eine Koalition aus zwei Spielern kann sich stets nur eine Auszahlung von 0 sichern. Beispielsweise kann die Koalition {I, K}
bestimmen, in welchem der vier Entscheidungsknoten, die mit R
bezeichnet sind, Spieler R seine Entscheidung trifft. Aber R wird
sich so verhalten, dass seine eigene Auszahlung maximiert wird,
und das bedeutet für die Koalition {I, K} stets eine Auszahlung von
0. Es ist nicht rational für {I, K}, (¬b, ¬b) zu spielen, da in diesem
Fall auch R ¬b wählen würde, was eine gemeinsame Auszahlung
von -2 für {I, K} bedeutete.

Die große Koalition {I, K, R} kann sich verbindlich auf Fang-
beschränkungen einigen und sich eine Auszahlung von 3 garantie-
ren.

Zusammengefasst lautet die charakteristische Funktion $v(S)$
folgendermaßen:

$v(\emptyset) = 0$

$v(\{I\}) = 2$

$v(\{K\}) = 2$

$v(\{R\}) = 2$

$v(\{I,K\}) = 0$

$v(\{I,R\}) = 0$

$v(\{K,R\}) = 0$

$v(\{I,K,R\}) = 3.$

Bemerkung: Diese charakteristische Funktion erfüllt nicht die Bedingung der **Super-Additivität**:

$$v(S \cup T) \geq v(S) + v(T), \text{ falls } S \cap T = \emptyset.$$

(c) Der Kern eines kooperativen Spiels besteht aus allen machbaren nicht-dominierten Allokationen. Dies sind alle Allokationen $u = (u_I, u_K, u_R)$ mit der Eigenschaft, dass keine Koalition ihre Mitglieder besserstellen kann, indem sie eine Allokation $w \notin C(\Gamma)$ herbeiführt. Bezogen auf das Spiel aus Aufgabe (b) ist eine Allokation u nicht-dominiert, wenn folgende Bedingungen erfüllt sind:

(18.1) $u_i \geq 2$ für $i = I, K, R$

(18.2) $u_I + u_K \geq 0$, $u_I + u_R \geq 0$, $u_K + u_R \geq 0$

(18.3) $u_I + u_K + u_R \geq 3$.

Damit u machbar ist, darf die Auszahlung nicht den Überschuss übersteigen, so dass aus (18.3)

(18.3') $u_I + u_K + u_R = 3$

wird. Es gibt keinen Vektor u, der das Gleichungssystem (18.1), (18.2), (18.3') löst. Der Kern des Spiels ist also leer.

Ein einzelner Spieler steht sich im 3-Personen-Gefangenendilemma besser als eine Zweierkoalition. Daher wird kein Spieler eine Koalition mit einem der beiden anderen Spieler eingehen wollen. Es kommt aber auch keine große Koalition zustande: Diese kann sich gemeinsam eine Auszahlung von 3 sichern, so dass angesichts der Symmetrie des Spiels jeder Koalitionär nur eine Auszahlung von 1 erwarten kann. Jeder Spieler zieht es vor, keine Koalition einzugehen und erwartet, dass sich eine Gegenkoalition aus den zwei anderen Spielern bildet. Hier stellt sich besonders deutlich die Frage, inwieweit ein solches Verhalten noch als „rational" bezeichnet werden kann. Die Irrationalität ist aber bereits in der charakteristischen Funktion „eingebaut", da diese unterstellt, dass sich stets eine Gegenkoalition bildet.

Im 2-Personen-Gefangenendilemma löst die Möglichkeit zur Koalitionsbildung, d.h. die Möglichkeit, *verbindliche* Absprachen zu treffen, das Dilemma auf: Die Spieler legen sich auf das effiziente Ergebnis fest. Das 3-Personen-Gefangenendilemma bleibt hingegen trotz der Möglichkeit zur Koalitionsbildung bestehen.

Literatur:

Holler, M.J. (1991), Three characteristic functions and tentative remarks on credible threats, *Quality and Quantity* **25**, 29-35.

Rapoport, A. (1970), *N-Person Game Theory – Concepts and Applications*. Ann Arbor: University of Michigan Press.

Aufgabe 19: Das Rubinstein-Spiel

(a) Zeigen Sie, dass im Rubinstein-Spiel ein *First-mover advantage* existiert, d.h. dass es von Vorteil ist, den ersten Vorschlag zu machen.

(b) Zeigen Sie, dass, falls Spieler A und Spieler B gleiche Zeitpräferenzen besitzen ($\delta_A = \delta_B = \delta$), der Vorteil des first mover um so kleiner ist, je geduldiger die Spieler sind.

(c) Unter welchen Bedingungen konvergiert das teilspielperfekte Gleichgewicht des Rubinstein-Spiels zur Nash-Lösung? Interpretieren Sie Ihr Ergebnis.

Lösung:

(a) Zunächst ist es hilfreich, sich noch einmal die **Stationarität** des Rubinstein-Spiels vor Augen zu führen: Die Entscheidungssituation ist für beide Spieler in jeder Runde die gleiche. Das stationär-perfekte Gleichgewicht, das sich aus den Indifferenzbedingungen der beiden Spieler herleitet, ist durch die Werte

$$x_A^* = \frac{1-\delta_B}{1-\delta_A\delta_B} \quad \text{und} \quad x_B^* = \frac{1-\delta_A}{1-\delta_A\delta_B}$$

gegeben. Dabei ist $(x_A^*, 1-x_A^*)$ der gleichgewichtige Verteilungsvorschlag in allen Teilspielen, in denen Spieler A vorschlägt, und $(x_B^*, 1-x_B^*)$ der gleichgewichtige Aufteilung in allen Teilspielen, in denen Spieler B vorschlägt. Das Spiel endet trotz seines im Prinzip unendlichen Zeithorizonts stets nach Runde 0, da der vorschlagende Spieler eine Aufteilung so wählt, dass sie von seinem Gegenüber akzeptiert wird.

Einen Hinweis auf das Vorliegen eines First-mover advantage erhält man, wenn man annimmt, dass die Diskontfaktoren beider Spieler gleich Null sind. In diesem Fall können die Spieler nur aus einer Zuteilung in der ersten Periode ($t = 0$) Nutzen beziehen, spätere Zuteilungen wären für sie wertlos. Der Spieler, der den ersten Vorschlag macht, kann sich die gesamte Verhandlungsmasse sichern, indem er die Aufteilung (1, 0) vorschlägt. Sein Gegenüber kann sich durch Ablehnung dieses Vorschlags nicht besser stellen als durch Annahme. Dabei wird unterstellt, dass er bei Indifferenz annimmt.

Um die Existenz eines First-mover advantage *allgemein* (d.h. für beliebige Diskontfaktoren δ_A, δ_B) zu zeigen, müssen wir die Fälle „Spieler A schlägt als erster vor" und „Spieler A schlägt als zweiter vor" miteinander vergleichen. Die Zeitpräferenzen von Spieler A bzw. B seien durch die Diskontfaktoren δ_A bzw. δ_B gegeben. Vergleichen wir nun die oben genannten Fälle:

Fall 1: „Spieler A schlägt als erster vor."

In Periode t = 0 schlägt Spieler A die Aufteilung (x_A*, 1 - x_A*) vor, wobei

$$(19.1) \quad x_A^* = \frac{1-\delta_B}{1-\delta_A\delta_B} \quad \text{und} \quad 1-x_A^* = 1-\frac{1-\delta_B}{1-\delta_A\delta_B} = \frac{\delta_B-\delta_A\delta_B}{1-\delta_A\delta_B}.$$

Spieler B akzeptiert diesen Vorschlag.

Fall 2: „Spieler A schlägt als zweiter vor."

In Periode t = 0 schlägt *Spieler B* die Aufteilung $(x_B{}^*, 1 - x_B{}^*)$ vor, wobei

(19.2)

$$x_B^* = \frac{1-\delta_A}{1-\delta_A\delta_B} \quad \text{und} \quad 1-x_B^* = 1 - \frac{1-\delta_A}{1-\delta_A\delta_B} = \frac{\delta_A - \delta_A\delta_B}{1-\delta_A\delta_B} = \frac{\delta_A(1-\delta_B)}{1-\delta_A\delta_B}.$$

Spieler A akzeptiert den Anteil $1- x_B{}^*$.

Wir halten fest: Fängt Spieler A an, erhält er $x_A^* = (1-\delta_B)/(1-\delta_A\delta_B)$, fängt Spieler B an, erhält A den Anteil $1-x_B^* = \lceil\delta_A(1-\delta_B)\rceil/(1-\delta_A\delta_B)$. Wann ist x_A^* größer als $1 - x_B^*$? Wir lösen die Ungleichung

(19.3) $$x_A^* = \frac{1-\delta_B}{1-\delta_A\delta_B} \geq \frac{\delta_A(1-\delta_B)}{1-\delta_A\delta_B} = 1 - x_B^*.$$

Diese ist erfüllt für $\delta_A \leq 1$. Da wir für die Diskontfaktoren $0 \leq \delta_A, \delta_B \leq 1$ annehmen, ist x_A* stets größer oder gleich $1- x_B$* für alle δ_A, δ_B und die Gleichheit ist erfüllt für $\delta_A = 1$. Spieler A steht sich also besser, wenn er als erster vorschlägt. Wenn er einen Anteil in der Gegenwart und einen gleich hohen Anteil in der Zukunft gleich schätzt ($\delta_A = 1$), dann erleidet er zumindest keinen Nachteil, wenn er als zweiter vorschlägt.

(b) Aus der Lösung zu (a) ist bekannt, dass Spieler A den Anteil $x_A^* = (1-\delta_B)/(1-\delta_A\delta_B)$ erhält, wenn er der *first mover* ist. Dies vereinfacht sich unter der Annahme gleicher Diskontraten ($\delta_A = \delta_B =$

δ) zu $(1 - \delta)/(1 - \delta^2) = 1/(1 + \delta)$. Je geduldiger die Spieler sind, d.h. je näher δ an 1 liegt, um so kleiner ist der Vorteil *des first mover*, und wenn $\delta = 1$ gilt, dann hat er überhaupt keinen Vorteil mehr. Nur wenn zukünftige Zuteilungen diskontiert werden, existiert ein First-mover-Vorteil.

(c) Der Auszahlungsraum im Rubinstein-Verhandlungsspiel ist die Menge aller Punkte (x_A, x_B), so dass $x_A, x_B \geq 0$ und $x_A + x_B \leq 1$ gilt. Jedes (x_A, x_B) wird mit einem Nutzenvektor (u_A, u_B) gleichgesetzt. In Abbildung 19-1 ist der Auszahlungsraum P im Nutzenraum als graue Fläche dargestellt.

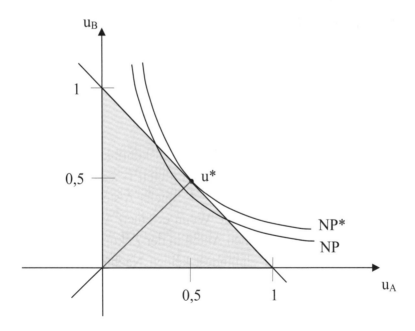

Abbildung 19-1: *Auszahlungsraum und Nash-Lösung im Rubinstein-Spiel*

Der Auszahlungsraum ist kompakt und konvex. Als Konfliktpunkt (c_A, c_B) wählen wir $(0, 0)$. Dieser Punkt beschreibt die Auszahlungen c_A und c_B, wenn es zu keiner Kooperation kommt.

Die Nash-Lösung ist der Auszahlungsvektor $(u_A^*, u_B^*) \in P$, wobei u_A^* und u_B^* diejenigen Argumente sind, die das Nash-Produkt (NP) $(u_A - c_A) \cdot (u_B - c_B)$ maximieren und für die $u_A^* > c_A$ und $u_B^* > c_B$ erfüllt ist. Für $(c_A, c_B) = (0, 0)$ erhalten wir NP $= u_A \cdot u_B$. Dies ist die Gleichung einer gleichseitigen Hyperbel, die sich asymptotisch zu den Achsen des Koordinatensystems verhält. Graphisch entsprricht die Maximierung einem „Hinausschieben" der Hyperbel, so dass sie gerade noch die Grenze von P berührt. Dies ist mit NP* und dem Berührpunkt $u^* = (u_A^*, u_B^*) = (0,5; 0,5)$ erreicht. Die Nash-Lösung ist also die „halbe, halbe"-Aufteilung des Kuchens.

Anmerkung: Abbildung 19-1 macht deutlich, dass jeder Konfliktpunkt c, der auf der 1. Winkelhalbierenden des Koordinatensystems liegt, zu derselben Nash-Lösung führen würde.

Vergleichen wir dieses Ergebnis mit dem des Rubinstein-Spiels. Aus dem teilspielperfekten Gleichgewicht des Rubinstein-Verhandlungsspiels (x^*, y^*) ergibt sich im Gleichgewicht als Auszahlungsvektor $(x_A^*, 1 - x_A^*)$ bzw. $(x_B^*, 1 - x_B^*)$, je nachdem ob Spieler A oder Spieler B als erster vorschlägt. Nehmen wir an, dass Spieler A als erster vorschlägt. Unter der Annahme gleich Diskontfaktoren $(\delta_A = \delta_B = \delta)$ vereinfachen sich die Ausdrücke (19.1) zu

$$x_A^* = \frac{1}{1+\delta} \quad \text{und} \quad 1 - x_A^* = \frac{\delta}{1+\delta}.$$

Je näher δ an 1 kommt, desto näher liegt die Aufteilung (x_A*, 1- x_A*) an (0,5; 0,5). Zusammengefasst sind die Bedingungen, unter denen das Ergebnis des Rubinstein-Verhandlungsspiels der Nash-Lösung entspricht: (1) die Symmetrie der Verhandlungspartner (δ_A = δ_B = δ); (2) ein Diskontfaktor von δ = 1 und (3) ein symmetrischer Auszahlungsraum. δ = 1 bedeutet, dass der Kuchen aus Sicht der Spieler nicht mehr schmilzt. Beide Spieler können also beliebig lange weiterspielen, ohne eine Nutzeneinbuße zu erleiden. Dies macht die „halbe, halbe"-Aufteilung auch intuitiv plausibel.

Anmerkung: δ_A = δ_B = δ = 1 beinhaltet nicht nur, dass die Zeitpräferenz gleich ist, sondern auch, dass es keine Rolle spielt, wer den ersten und wer den zweiten Vorschlag macht.

Literatur:

Rubinstein, A. (1982), Perfect Equilibrium in a Bargaining Model, *Econometrica* **50** (1), 97-111.

Teil III Evolutorische Spieltheorie

Aufgabe 20: Rationalität und Evolution

Eric Robertson Dodds stellte 1950 in seinem Buch „The Greeks and the Irrational" die Behauptung auf, dass Protagoras der griechischen Antike Rationalität, verstanden als die Abkehr von religiösen Mythen, näher brachte. In der Folge verloren religiöse Beschränkungen für das Eigeninteresse ihre Wirkung. Daraufhin breitete sich Rationalität als vermeintliche „Lebenseinstellung" aus und bedrohte anscheinend sogar die Existenz der griechischen Gesellschaft.

Abstrahieren Sie im Folgenden von der „Bedrohung", die vom Rationalismus ausgegangen sein könnte. Nehmen Sie an, die Mitglieder der griechischen Gesellschaft standen vor der Wahl, entweder Rationalisten oder Konservative zu werden. Die Auszahlungen entsprächen denen der Matrix in Abbildung 20-1 und lassen sich wie folgt interpretieren. Treffen zwei Rationalisten aufeinander, so können sie sich gegenseitig austauschen und sich ferner ihrer Freiheit von Normen erfreuen. Trifft hingegen ein Rationalist auf einen Konservativen, so ärgert er sich über dessen „Verbohrtheit", was seinen Nutzen ein wenig schmälert. Allerdings leidet der Konservative mehr unter dem Zusammentreffen, da er seine Normen, die ihm viel bedeuten, verletzt sieht. Treffen zwei Konservative aufeinander, so werden sie sich zwar auch gegenseitig austauschen. Allerdings führen die religiösen Normen dazu, dass sie sich nicht gänzlich „frei" verhalten können, was ihren Nutzen schmälert. Die Einhaltung von Normen verspricht also geringe oder gar keine intrinsische Befriedigung, die den Nutzenverlust ausgleichen würde.

	p	(1-p)
Spieler 2 1	Rationalist	Konservativer
p Rationalist	(4,4)	(2,1)
(1-p) Konservativer	(1,2)	(3,3)

Abbildung 20-1: *Das Spiel der Normen*

(a) Angenommen, es gibt anfangs nur Konservative in der Gesellschaft, und Protagoras und Democritus tauchen als erste Rationalisten auf. Werden sie Anhänger finden, wenn sich die Anhänger streng an die Nutzenkalkulation halten?

(b) Unterstellen Sie, dass die Dynamik der Normen sich durch eine Replikatorengleichung beschreiben lässt. Berechnen Sie die Anteile der Rationalisten an der Gesellschaft, bei denen kein Grieche mehr einen Anreiz hat, seine Einstellung zu ändern.

(c) Nehmen Sie an, in Athen wird eine Akademie errichtet, in der per Gesetz mindestens jeder zweite Grieche unterrichtet und zum Rationalismus erzogen wird. Berechnen Sie den Anteil an Rationalisten in der Gesellschaft, der sich als Gleichgewicht ergeben wird, wenn die Gesellschaft sich ansonsten frei jeglicher exogener Einflüsse entwickelt und grundsätzlich jeder Grieche an der Akademie aufgenommen und Rationalist werden kann. Veranschaulichen Sie die Ergebnisse anhand einer Graphik.

Lösung:

(a) Protagoras und Democritus werden dann Anhänger finden, wenn der erwartete Nutzen, der den Anhängern der Rationalisten entsteht, höher ist als der Nutzen der Konservativen. Rationalisten haben einen erwarteten Nutzen von

(20.1) $u_R = p4 + (1-p)2 = 2p+2$.

Konservative erzielen einen erwarteten Nutzen in Höhe von

(20.2) $u_K = p + (1-p)3 = -2p+3$.

Damit ist der erwartete Nutzen der Rationalisten höher als der der Konservativen, wenn folgende Ungleichung erfüllt ist:

(20.3) $2p+2 > -2p+3$,

woraus folgt, dass $p > 1/4$. Das bedeutet, dass Protagoras und Democritus nur dann Anhänger finden werden, wenn bereits jeder vierte Grieche Rationalist ist.

(b) Die Replikatorengleichung beschreibt die Dynamik, die der Änderung der Normen zugrunde liegt. Sie lässt sich als Ableitung der Bevölkerungsanteile nach der Zeit darstellen. Grundsätzlich wird sich der Anteil der Rationalisten erhöhen, solange der Nutzen der Rationalisten höher ist als der des Durchschnittes der Bevölkerung. Daher kann man das proportionale Wachstum der Gruppe der Rationalisten ausdrücken als

$$(20.4) \qquad \frac{\frac{dp}{dt}}{p} = u_R - [(1-p)u_K + pu_R].$$

Gleichung (20.4) lässt sich leicht umformen zu

$$(20.5) \qquad \frac{dp}{dt} = p(1-p)(u_R - u_K).$$

Der Fall, dass keine Dynamik in Bezug auf die Bevölkerungsanteile mehr auftritt, wird beschrieben, wenn Gleichung (20.5) gleich null ist. Offensichtlich ist dies der Fall, wenn entweder $p = 0$ oder $p = 1$. Dies kann derart interpretiert werden, dass nur eine Norm existiert, man sich also kein erfolgreicheres Verhalten „abschauen" kann. Somit handelt es sich bei diesen beiden Fällen um **rest points**. Allerdings gibt es noch einen weiteren rest point, nämlich den, in dem die Nutzen der beiden Normen gleich groß sind, also $u_R = u_K$. Aus Gleichung (20.3) ist zu ersehen, dass dies für $p = 1/4$ der Fall ist.

(c) Der staatliche Eingriff führt dazu, dass der Anteil p der Rationalisten auf $p = 1/2$ steigt. Die Frage ist nun, ob in diesem Fall die Replikatorengleichung einen positiven oder negativen Wert annimmt. Setzen wir den Wert $p = 1/2$ in Gleichung (20.5) ein, so erhalten wir

$$(20.6) \quad \frac{dp}{dt} = \frac{1}{4}(\frac{1}{2} \cdot 4 + \frac{1}{2} \cdot 2 - \frac{1}{2} \cdot 1 - \frac{1}{2} \cdot 3) = \frac{1}{4} > 0$$

Dass Gleichung (20.6) größer als null ist, bedeutet, dass der Anteil der Rationalisten wächst. p vergrößert sich also. Dies ist für alle p > 1 / 4 der Fall. Somit werden sich durch die Einführung der Akademie alle Griechen zu Rationalisten ausbilden lassen.

Abbildung 20-2 fasst die Ergebnisse der Teilaufgaben zusammen. Die Gerade, die mit u_R bezeichnet ist, stellt den erwarteten Nutzen dar, den die Rationalisten bei einem bestimmten Anteil von Rationalisten an der Bevölkerung, p, erhalten, u_K den Nutzen der Konservativen. Wie in den vorangehenden Aufgaben berechnet, ist der Nutzen der Konservativen für Werte von p, die kleiner als 1 / 4 sind, höher als der Nutzen der Rationalisten. Folglich würde sich bei diesen p-Werten die Gesellschaft zu einer rein konservativen hin bewegen. Umgekehrt würde sich eine Gesellschaft von Rationalisten bilden, wenn Werte von p über dem von 1 / 4 liegen. Man sagt auch, dass sich für p-Werte ungleich 1 / 4 eine **monomorphe** Gesellschaft bilden wird, in der es also nur noch eine „Strategie" gibt. Für p = 1 / 4 ergibt sich eine **polymorphe** Gesellschaft, da beide Strategien existieren.

Die Begriffe „monomorph" und „polymorph" sind zu unterscheiden von **homomorph** und **heteromorph**. Während sich mono- bzw. polymorph auf die gespielten Strategien bezieht, beziehen sich homo- bzw. heteromorph auf die Spieler. Das bedeutet, wenn man Spieler hat, die jeweils unterschiedliche Arten von Strategien zur Auswahl haben, ist die Gesellschaft heteromorph. Das Inspection Game aus Aufgabe 3 beispielsweise war heteromorph, da es Inspekteure und Schwarzfahrer gab. Das hier vorliegende Spiel ist hingegen homomorph, da nur „Mitglieder der Gesellschaft" betrachtet wurden.

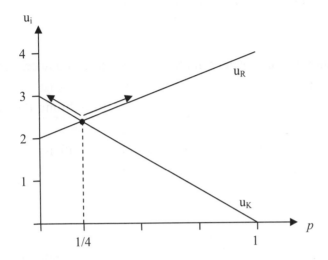

Abbildung 20-2: *Dynamik des Rationalismus*

Literatur:

Dodds, E. R. (1956), *The Greeks and the Irrational*, Berkeley and Los Angeles: University of California Press.

Aufgabe 21: Das Falke-Taube-Spiel

(a) Bestimmen Sie die Nash-Gleichgewichte des folgenden Falke-Taube-Spiels:

Spieler 1 \ 2	Taube	Falke
Taube	(2, 2)	(0, 4)
Falke	(4, 0)	(-2, -2)

Abbildung 21-1: *Das Falke-Taube-Spiel*

(b) Stellen Sie sich vor, Sie sind Verhaltensbiologe und haben bei Territorialkämpfen von Blattläusen beobachtet, dass diese sich in zwei Typen einteilen lassen, nämlich angriffslustige Tiere, die Sie „Falken" nennen, und zurückhaltende Tiere, die Sie als „Tauben" bezeichnen. Welches Individuum zu welchem Typ gehört, lässt sich erst erkennen, wenn zwei Blattläuse in einem Territorialkampf zusammentreffen. Für solche Zusammentreffen gelte die obige Matrix. Die Auszahlungen in dieser Matrix lassen sich wie folgt erklären: Wenn ein „Falke" auf eine „Taube" trifft, zieht sich die „Taube" zurück und der „Falke" übernimmt ihr Territorium. Trifft ein „Falke" auf einen „Falken" kommt es zu einem erbitterten Kampf, der für einen der beiden mit dem Tod (eine Auszahlung von -7) endet, während der andere das Territorium des Verlierers übernimmt (diese Auszahlung sei 3, da diese Möglichkeit für den Sieger weniger wert ist als wenn er das Territorium ohne Kampf hätte übernehmen können). Da beide mit gleicher Wahrscheinlichkeit den Kampf verlieren, ist die erwartete Auszahlung für beide -2. Hingegen einigen sich zwei „Tauben" ohne Kampf auf eine gleichmäßige Verteilung der Territorien.

Welches Verhältnis von „Tauben" zu „Falken" ist evolutorisch stabil und warum? Interpretieren Sie die Auszahlungen in obiger Matrix als Fitness.

Hinweis: Stellen Sie die Fitness der beiden Verhaltenstypen „Taube" und „Falke" in Abhängigkeit vom Anteil der Tauben in der Gesamtpopulation dar.

Lösung:

(a) Die Abbildung 21-1 zeigt ein „Chicken Game". Das Spiel besitzt zwei Nash-Gleichgewichte in reinen Strategien, nämlich die Strategiepaare (Taube, Falke) und (Falke, Taube). Ferner gibt es ein Nash-Gleichgewicht in gemischten Strategien, in dem beide Spieler unabhängig voneinander jede Strategie mit der Wahrscheinlichkeit 1/2 wählen. Die erwarteten Auszahlungen dieses Gleichgewichts sind (1, 1).

Anmerkung: Dieser Auszahlungsvektor darf nicht mit dem Gleichgewicht in gemischten Strategien gleichgesetzt werden. Gleichgewichte werden durch Strategien beschrieben und nicht durch Auszahlungen.

Im Gleichgewicht in gemischten Strategien (vgl. Aufgabe 3) wählt jeder Spieler seine Randomisierungswahrscheinlichkeit so, dass der andere Spieler gerade indifferent gehalten wird. Sei $p \in [0, 1]$ bzw. $q \in [0, 1]$ die Wahrscheinlichkeit, mit der Spieler 1 bzw. Spieler 2 die Strategie „Taube" wählt. Angenommen, Spieler 2 wählt „Taube". Dann ist seine erwartete Auszahlung $u_1(\text{„Taube"}) = 2q + 0(1 - q) = 2q$. Angenommen, Spieler 1 wählt „Falke". Dann ist seine erwartete Auszahlung $u_1(\text{„Falke"}) = 4q + (-2)(1 - q) = 6q - 2$.

Spieler 1 sollte „Taube" wählen, falls $2q > 6q - 2 \Leftrightarrow q < 1/2$. Wenn $q = 1/2$, dann ist Spieler 1 gerade indifferent zwischen „Taube" und „Falke". Für Spieler 1 ist damit *jede* Mischung seiner beiden Strategien gleich gut, d.h. jede Strategie $p \in [0, 1]$ ist optimal. Analoges gilt für Spieler 2. Er sollte „Taube" wählen, wenn $p < 1/2$. Bei $p = 1/2$ ist er gerade indifferent zwischen „Taube" und „Falke". Die Strategien $p^* = 1/2$ und $q^* = 1/2$ sind also wechselseitig beste Antworten und die Strategiekombination ($p^* = 1/2$, $q^* = 1/2$) ist ein Nash-Gleichgewicht in gemischten Strategien. Im Gleichgewicht in gemischten Strategien wählt Spieler 1 die Wahrscheinlichkeiten p, $(1-p)$ so, dass für Spieler 2 der Erwartungsnutzen von „Taube" gleich dem Erwartungsnutzen von „Falke" ist.

(b) Die Fitness f_i eines Verhaltenstyps i ($i \in \{\text{„Taube"}, \text{„Falke"}\}$) ergibt sich als Summe der jeweiligen Fitness ($\approx$ Auszahlung) bei einem Zusammentreffen über alle Verhaltenstypen gewichtet mit der Wahrscheinlichkeit eines Zusammentreffens. So hängt die Fitness f_T des „Tauben"-Typs ab vom Anteil a der „Tauben" an der Gesamtbevölkerung, da dieser die Wahrscheinlichkeit eines Zusammentreffens mit einer „Taube" bzw. mit einem „Falken" festlegt. Da der Anteil an „Falken" dann 1- a beträgt, können wir auch die Fitness der Falken in Abhängigheit von a darstellen:

$$f_T(a) = a f(\text{„Taube", „Taube"}) + (1- a) f(\text{„Taube", „Falke"})$$
$$= 2a + 0(1 - a)$$
$$= 2a$$

$$f_F(a) = a f(\text{„Falke", „Taube"}) + (1- a) f(\text{„Falke", „Falke"})$$
$$= 4a + (-2)(1 - a)$$
$$= 6a - 2$$

Unter der darwinistisehen Annahme, dass sich Typen mit höherer Fitness stärker ausbreiten, wächst der „Tauben"anteil bis $a = 1/2$. Besteht die Bevölkerung zu mehr als zur Hälfte aus „Tauben", ist die Fitness der Falken größer und diese breiten sich aus. Es stellt sich also eine gemischte Bevölkerung ein, die je zur Hälfte aus „Tauben" und „Falken" besteht. Diese Dynamik wird in Abbildung 21-2 durch die Pfeile auf der a-Achse dargestellt. Bevölkerungen, die nur aus „Tauben" bzw. nur aus „Falken" bestehen, sind evolutorisch nicht stabil. Eine **evolutorisch stabile Strategie** entspricht einem Zustand der Bevölkerung, der robust gegenüber einem Eindringen von „Mutanten" ist. Liegt eine reine „Falken"-Bevölkerung vor, dann wird sich eine kleine Gruppe von „Tauben", die in diese Bevölkerung eindringt, aufgrund ihrer höheren Fitness weiter ausbreiten. In Abbildung 21-2 ist eine reine „Falken"-Bevölkerung durch die weißen Kreise angedeutet. Ebenso wird sich eine kleine Gruppe von „Falken", die in eine „Tauben"-Gesellschaft eindringt, stark vermehren. In Abbildung 21-2 ist eine reine „Tauben"-Bevölkerung durch schwarze Kreise angedeutet. Die weißen und die schwarzen Kreise kennzeichnen jeweils einen nicht stabilen **Ruhepunkt** (rest point). Die je zur Hälfte aus

„Tauben" und „Falken" bestehende Population ist hingegen evolutorisch stabil.

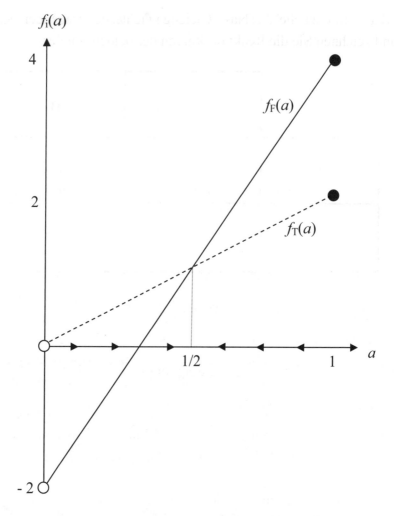

Abbildung 21-2: *Fitness-Funktionen im Falke-Taube-Spiel*

Aufgabe 22: Konkurrierende Standards

(a) Bestimmen Sie die Nash-Gleichgewichte des folgenden Spiels und zeichnen Sie die Reaktionskurven der beiden Spieler.

Spieler 2 1	A	B
A	(4, 4)	(0, 0)
B	(0, 0)	(2, 2)

Abbildung 22-1: *Konkurrierende Standards*

(b) Sind diese Gleichgewichte trembling-hand-perfekt?

(c) Diskutieren Sie die Eigenschaften des evolutionären Spiels, das zu obiger Matrix gehört, indem Sie „A" und „B" als unterschiedliche *Typen* von Verhalten auffassen. Interpretieren Sie Ihre Ergebnisse.

Hinweis: Stellen Sie die Fitness der beiden Verhaltenstypen „A" und „B" in Abhängigkeit vom Anteil der „A-Typen" in der Gesamtpopulation dar. Fassen Sie die Payoffs in obiger Matrix als „Fitness" auf.

Lösung:

(a) Das obige **Koordinationsspiel** besitzt zwei Nash-Gleich-gewichte in reinen Strategien, nämlich (A, A) und (B, B), denen die Auszahlungspaare (4, 4) und (2, 2) entsprechen. Es könnte sich z.B. um ein Kompabilitätsproblem bei konkurrierenden Standards han-deln (Betamax vs. VHS). Die Individuen entscheiden sich entweder für Produkt A oder Produkt B und erhalten nur dann eine positive Auszahlung, wenn sie auf ein Individuum mit dem gleichen Pro-dukt treffen.

Weiterhin existiert ein Nash-Gleichgewicht in gemischten Strategien. Bezeichne p bzw. q die Wahrscheinlichkeit, dass Spie-ler 1 bzw. Spieler 2 Strategie A spielt. Dann ist das Nash-Gleichgewicht in gemischten Strategien durch die Wahrscheinlich-keiten ($p^* = \frac{1}{3}$, $q^* = \frac{1}{3}$) gegeben. Die Randomisierungswahrschein-lichkeiten im gemischten Gleichgewicht sind von jedem Spieler so gewählt, dass der andere Spieler gerade indifferent zwischen seinen reinen Strategien wird.

Spieler 1 \ Spieler 2	A		B	
A	(a, α)	p	(b, β)	p
B	(c, γ)	$1-p$	(d, δ)	$1-p$

Abbildung 22-2: *Ermittlung gemischter Strategien im allge-meinen 2x2-Spiel*

Für das 2x2-Spiel in Abbildung 22-2 gilt somit: Spieler 1 muß die Wahrscheinlichkeiten p^* so wählen, dass der Erwartungsnutzen von A für Spieler 2 gleich dem Erwartungsnutzen von B für Spieler 2, d.h. $p^*\alpha + (1 - p^*)\gamma = p^*\beta + (1 - p^*)\delta$. Auflösen nach p^* führt auf

$$p^* = \frac{\delta - \gamma}{\alpha - \beta - \gamma + \delta}.$$

In analoger Weise wählt Spieler 2 Wahrscheinlichkeit q^* in Abhängigkeit von den payoffs des Spielers 1:

$$q^* = \frac{d - b}{a - b - c + d}.$$

Wendet man dieses „Rezept" auf die Matrix des obigen Koordinationsspiels an, ergeben sich die Randomisierungswahrscheinlichkeiten $p^* = q^* = 1/3$.

Die Reaktionskurve (genauer: **Reaktionskorrespondenz**) gibt für jede Strategie aus der Strategiemenge des Gegenspielers die besten Antworten eines Spielers an. Für 2x2-Spiele können die Reaktionskurven in einem Diagramm dargestellt werden, bei dem auf den Achsen die Wahrscheinlichkeiten abgetragen sind, dass Spieler 1 bzw. Spieler 2 seine erste Strategie spielt. Die gepunktete Line in Abbildung 22-3 zeigt die *optimale* Wahrscheinlichkeit q^* dafür, dass Spieler 2 „A" spielt, in Abhängigkeit von der Wahrscheinlichkeit p, dass Spieler 1 „A" spielt. Entsprechend gibt die kräftige durchgezogene Linie in Abhängigkeit von q die optimale Wahrscheinlichkeit p^* dafür an, mit der Spieler 1 „A" spielt. Für p^* und q^* erhalten wir

$$p^* = \begin{cases} 0 & \text{für } q < 1/3 \\ [0,1] & \text{für } q = 1/3 \\ 1 & \text{für } q > 1/3 \end{cases} \qquad q^* = \begin{cases} 0 & \text{für } p < 1/3 \\ [0,1] & \text{für } p = 1/3 \\ 1 & \text{für } p > 1/3. \end{cases}$$

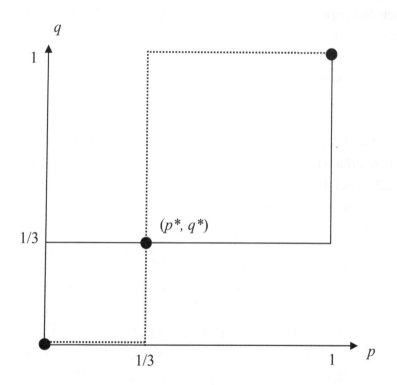

Abbildung 22-3: *Reaktionskurven des Koordinationsspiels „Konkurrierende Standards"*

In Abbildung 22-3 entsprechen die Nash-Gleichgewichte in reinen Strategien – (A, A) und (B, B) – den Punkten in der oberen rechten bzw. der unteren linken Ecke, $p^* = 1/3$ und $q^* = 1/3$ stellen wechselseitig beste Antworten dar, so dass der Schnittpunkt der gepunkteten mit der fetten Linie das Gleichgewicht in gemischten

Strategien markiert. Die erwartete Auszahlung im gemischten Gleichgewicht beträgt $4/3$ für jeden der Spieler.

Anmerkung: Es ist bemerkenswert, dass das Nash-Gleichgewicht in gemischten Strategien von beiden Nash-Gleichgewichten in reinen Strategien auszahlungsdominiert wird. Die Beobachtung, dass bessere Lösungen denkbar sind, wenn eine Abstimmung der Strategien möglich ist, führte Robert Aumann zur Entwicklung des Konzepts des **korrelierten Gleichgewichts**.

(b) Ein Gleichgewicht ist **trembling-hand-perfekt**, falls es auch dann erhalten bleibt, wenn die Spieler mit einer sehr geringen Wahrscheinlichkeit einen Fehler in dem Sinne machen, dass sie eine andere als ihre Gleichgewichtsstrategie wählen. Diese Definition weist bereits daraufhin, dass jedes gefundene Nash-Gleichgewicht einzeln daraufhin überprüft werden muss, ob es trembling-hand-perfekt ist. Betrachten wir zunächst das Nash-Gleichgewicht (A, A): Wenn Spieler 2 mit einer kleinen Wahrscheinlichkeit ε seine Alternative B wählt (und Alternative A entsprechend mit Wahrscheinlichkeit $1-\varepsilon$), dann beträgt der Nutzen, den Spieler 1 erwarten kann, wenn er A spielt $u_1(A) = 4(1-\varepsilon) + 0\varepsilon = 4 - 4\varepsilon$. Demgegenüber beträgt der Nutzen von Alternative B für Spieler 1 $u_1(B) = 0(1-\varepsilon) + 2\varepsilon = 2\varepsilon$. Es gilt also $u_1(A) > u_1(B)$. Nun muss das Gleichgewicht (A, A) aus der Perspektive von Spieler 2 überprüft werden, wobei das „Zittern" bei der Wahl der Gleichgewichtsstrategie nun Spieler 1 unterstellt wird. Wegen der Symmetrie der Spiel-Matrix ist klar, dass $u_2(A) > u_2(B)$ gelten muss. Damit ist (A, A) trembling-hand-perfekt.

Betrachten wir noch das Nash-Gleichgewicht (B, B) und zwar zunächst wiederaus der Perspektive von Spieler 1: Der

Nutzen der gleichgewichtigen Strategie B beträgt $u_1(B) = 2(1-\varepsilon) +$ $0\varepsilon = 2 - 2\varepsilon$, während Strategie A den Nutzen $u_1(A) = 0(1-\varepsilon) + 4\varepsilon =$ 4ε ergibt. Es ist $u_1(B) > u_1(A)$ und wegen der Symmetrie der Auszahlungsmatrix gilt $u_2(B) > u_2(A)$. Damit ist auch (B, B) ein trembling-hand-perfektes Gleichgewicht.

(c) Die Fitness des "A-Verhaltens" ist um so höher, je mehr andere A-Typen es gibt. Der Anteil der A-Typen in der Gesamtbevölkerung, und damit die Wahrscheinlichkeit, auf einen A-Typ zu treffen, sei mit p bezeichnet. Die Fitness des A-Verhältens bzw. des B-Verhaltens beträgt dann

$$f_A(p) = p\,f(A, A) + (1 - p)\,f(A, B)$$
$$= 4p + 0(1 - p)$$
$$= 4p$$

bzw.

$$f_B(p) = p\,f(B, A) + (1 - p)\,f(B, B)$$
$$= 0p + 2(1 - p)$$
$$= 2 - 2p.$$

Diese Funktionen sind in Abbildung 22-4 dargestellt. Unter der darwinistischen Annahme, dass sich Typen mit höherer Fitness stärker ausbreiten, wird der Anteil der A-Typen weiterwachsen, sobald er einmal die Schwelle von $p = 1/3$ überschritten hat. Umgekehrt steigt der Anteil der B-Typen in der Bevölkerung, sofern der Anteil der A-Typen unter der Schwelle von $p = 1/3$ liegt. In beiden Fällen entwickelt sich eine homogene Bevölkerung aus A- bzw. B-Typen. Diese Dynamik wird in Abbildung 22-4 durch die Pfeile auf der p-Achse dargestellt. Die heterogene Bevölkerung, die sich aus 1/3 B-Typen und 1/3 A-Typen zusammensetzt, entspricht dem Gleichgewicht in gemischten Strategien, in dem Strategie „A" von beiden Spielern mit Wahrscheinlichkeit 1/3 gespielt wird. Es ist, anders als die Nash-Gleichgewichte in reinen Strategien, keine **evolutorisch stabile Strategie**. Eine evolutorisch stabile Strategie entspricht einem Zustand der Bevölkerung, der robust gegenüber einem Eindringen von „Mutanten" ist.

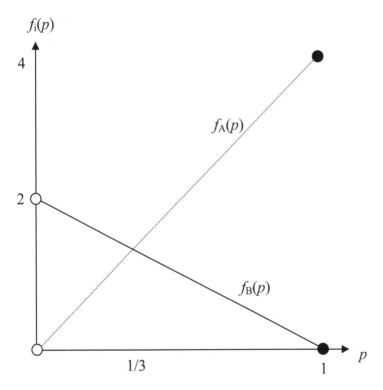

Abbildung 22-4: *Fitness-Funktionen im Standardisierungsspiel*

Liegt eine reine A-Bevölkerung vor (in der Zeichnung durch die schwarzen Kreise angedeutet), dann wird eine kleine Gruppe von B-Typen, die in diese Gesellschaft eindringt (Invasion von Mutanten), aufgrund ihrer niedrigeren Fitness „ausselektiert". Dasselbe gilt für eine kleine Gruppe von A-Mutanten. die versucht, in eine reine B-Bevölkerung (angedeutet durch die weißen Kreise) einzudringen.

Intuitiv erscheint uns das Gleichgewicht (B, B) als „Irrweg" der Evolution, denn es wäre für alle B-Typen vorteilhaft, zum A-Typ zu gehören. Eine mögliche Erklärung für das Vorliegen eines (B, B)-Gleichgewichtes ist, dass in der Vergangenheit Umweltbedingungen herrschten, unter denen nur Individuen vom B-Typ entstanden. In der Gegenwart ist dann ein A-Individuum nicht überlebensfähig in einer Gesellschaft, die ansonsten nur aus B-Typen besteht. Nur wenn eine große Anzahl A-Individuen in die Gesellschaft eintreten würden, könnte sich der A-Typ durchsetzen. Genauer gesagt, ist der Verhaltenstypus B stabil gegenüber Invasionen bis zur Größe $1/3$ und der Verhaltenstypus A gegenüber Invasionen bis zu $2/3$. (Dies lässt sich auch anhand der trembling-hand-Perfektheit der beiden Nash-Gleichgewichte in reinen Strategien erkennen, vgl. die Lösung zu Teilaufgabe (b).) Man sagt auch, dass „die Population A stabiler als B" ist.

In der Tradition Thomas Malthus' wird bezüglich der Wachstumsrate eines Verhaltens häufig unterstellt, dass sie proportional oder gleich seiner *relativen* Fitness sei. Die Wachstumsrate des „A-Verhaltens" $\dot{p}/p$ (wobei $\dot{p}$ die Ableitung von p nach der Zeit bezeichnet) ist gleich der Fitness des A-Verhaltens abzüglich der durchschnittlichen Fitness in der Gesamtbevölkerung.

$$\frac{\dot{p}}{p} = 4p - \left[p(4p) + (1-p)(2-2p) \right] = 8p - 6p^2 - 2 \; .$$

Daraus folgt:

$$\dot{p} = 8p^2 - 6p^3 - 2p$$

Der dynamische Prozess, der durch diese Gleichung beschrieben wird, endet, wenn $\dot{p} = 0$ gilt. Eine Stelle p, an der $\dot{p} = 0$ erfüllt ist, wird als **rest point** oder Ruhepunkt bezeichnet. Im obigen Fall sind die Ruhepunkte $p_1 = 0$, $p_2 = 1/3$ und $p_3 = 1$. Der Ruhepunkt $p_2 = 1/3$ ist jedoch, wie oben gezeigt, nicht evolutorisch stabil, da bereits eine kleine Abweichung zu einem der beiden anderen Ruhepunkte führt.

Anmerkung: Für Aussagen darüber, wann der dynamische Prozess in einen Ruhepunkt einmündet, ist es notwendig, eine angemessene Zeitskala zu wählen.

Aufgabe 23: Marktüberfüllung

Das Spiel in Abbildung 23-1 kann als Market-Congestion-Spiel (Congestion = Überfüllung) interpretiert werden. Das Strategiepaar (s_{11}, s_{21}) bedeutet dann, dass beide Anbieter auf einem Markt A tätig sind und sich dort ein Cournot-Gleichgewicht einstellt. Das Strategiepaar (s_{12}, s_{22}) beinhaltet, dass die beiden Anbieter auf einem Markt B im Preiswettbewerb miteinander stehen. (s_{11}, s_{22}) beschreibt eine Situation, in der der Anbieter 1 Monopolist auf Markt A und Anbieter 2 Monopolist auf Markt B ist. Jeder Anbieter muß sich entscheiden, ob er auf Markt A oder Markt B aktiv sein will.

(a) Diskutieren Sie die Nash-Gleichgewichte des Spiels in Abbildung 23-1.

Spieler 1 \ 2	s_{21}	s_{22}
s_{11}	(3,3)	(6,3)
s_{12}	(3,6)	(0,0)

Abbildung 23-1: *Das Market-Congestion-Spiel*

(b) Diskutieren Sie die Nash-Gleichgewichte des Spiels aus Abbildung 23-1 unter der Annahme, dass Spieler 1 weiß, welche Strategie Spieler 2 gewählt hat. Zeichnen Sie den zugehörigen Spielbaum.

(c) Beschreiben Sie die Ruhepunkte des evolutionären Spiels, das zu der Matrix in Abbildung 23-1 gehört. Gehen Sie von einer *homomorphen Population* aus, so dass s_{11} und s_{21} gleiche Verhaltensweisen beschreiben.[1] Entsprechendes gelte für s_{12} und s_{22}. p drücke den Anteil an Spielern in der Population aus, die ihre erste Strategie (s_{11} oder s_{21}) wählen. Diese Spieler werden als „s_{11}/s_{21}"-Typen bezeichnet. Entsprechend drückt $1 - p$ den Anteil der „s_{12}/s_{22}"-Typen aus. Ein Spieler kann bei jeder Entscheidung zwischen diesen beiden Typen wählen.

Hinweis: Stellen Sie zunächst die Fitness der beiden Verhaltenstypen „s_{11}/s_{21}" und „s_{12}/s_{22}" in Abhängigkeit vom Anteil p dar. Fassen Sie die Auszahlungen in obiger Matrix als „Fitness" auf. (Dies scheint plausibel, wenn man davon ausgeht, dass der Nutzen der Unternehmen linear in den Gewinnen ist und Gewinne die Wettbewerbsfähigkeit stärken.)

Lösung:

(a) Das Spiel besitzt drei Nash-Gleichgewichte in reinen Strategien, nämlich (s_{11}, s_{21}) und (s_{11}, s_{22}) und (s_{12}, s_{21}). Keines dieser Gleichgewichte ist **strikt**. Ein Nash-Gleichgewicht (in einem 2-Personen-Spiel) heißt strikt, falls die beste Antwort eines Spielers auf die Gleichgewichtsstrategie seines Gegenspielers stets eindeutig ist. Im obigen Spiel sind jedoch sowohl s_{11} als auch s_{12} beste Antworten auf s_{21}. Ferner sind sowohl s_{21} als auch s_{22} beste Antworten auf s_{11}.

---

[1] In einer *heteromorphen* Population stünden dem Spieler 1 grundsätzlich andere Verhaltensmöglichkeiten zu Verfügung als dem Spieler 2.

Dies bedeutet auch, dass alle Strategiekombinationen $((p, 1-p), s_{21})$, und $(s_{11}, (q, 1-q))$ mit $p, q \in]0, 1[$ Nash-Gleichgewichte sind. Dabei bezeichne p bzw. q die Wahrscheinlichkeit, dass Spieler 1 bzw. Spieler 2 Strategie s_{11} bzw. s_{21} spielt. Es gibt also „überabzählbar viele" Nash-Gleichgewichte in gemischten Strategien.

Nur das Gleichgewicht (s_{11}, s_{21}) ist trembling-hand-perfekt: Wenn Spieler 1 mit irgendeiner Wahrscheinlichkeit $1-p > 0$ seine Strategie s_{12} spielt, dann ist stets s_{21} die beste Antwort. Weiterhin ist stets s_{11} die beste Antwort, wenn Spieler 2 mit irgendeiner Wahrscheinlichkeit $1-q > 0$ seine Strategie s_{22} spielt. (Zur Prüfung auf Trembling-Hand-Perfektheit vergleiche auch Aufgabe 22 (b).)

(b) Da Spieler 1 wissen soll, welche Strategie Spieler 2 gewählt hat, muß dieser den ersten Zug machen. Abbildung 23-2 zeigt das Market-Congestion-Game in extensiver Form.

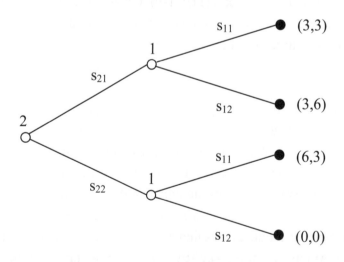

Abbildung 23-2: *Extensive Form des Market-Congestion-Game*

Zunächst betrachten wir die Teilspiele, die in den Entscheidungsknoten von Spieler 1 beginnen. Das „untere" Teilspiel in Abbildung 23-2 wird gespielt, falls Spieler 2 s_{22} wählt. In diesem Teilspiel ist s_{11} die optimale Strategie von Spieler 1, da er sich hier eine
Auszahlung von 6 gegenüber einer Auszahlung von 0 sichern kann.
Gegeben, dass Spieler 1 s_{11} wählt, ist s_{22} für Spieler 2 optimal. Die
Strategiekombination (s_{22}; „spiele s_{11}, falls s_{22} gespielt wurde",
„spiele s_{11}, falls s_{21} gespielt wurde") ist also ein teilspielperfektes
Gleichgewicht. (Entsprechend der Zugfolge haben wir die Strategie
von Spieler 2 zuerst notiert.)

Im „oberen" Teilspiel ist Spieler 1 zwischen s_{11} und s_{12} und jeder Mischung (p, 1-p), $0 \leq p \leq 1$, der beiden Strategien indifferent,
er bekommt in jedem Fall eine Auszahlung von 3. Wie wir in Aufgabe (a) bereits gesehen haben, ist s_{21} die beste Antwort auf eine
Randomisierung zwischen s_{11} und s_{12}. Daher stellen auch alle Strategiekombinationen (s_{21}; „spiele (p, 1-p), $0 \leq p \leq 1$, falls s_{21} gespielt
wurde", „spiele s_{11}, falls s_{22} gespielt wurde") teilspielperfekte
Gleichgewichte dar. D.h. die Strategiepaare (s_{11}, s_{22}) und (p, s_{21})
mit $0 \leq p \leq 1$ beschreiben die Menge der teilspielperfekten Gleichgewichte.

Für den Nutzen von Spieler 2 gilt: $u_2(p, s_{21}) > 3 = u_2(s_{11}, s_{22})$
für alle $0 < p \leq 1$ und $u_2(s_{11}, s_{21}) = 3 = u_2(s_{11}, s_{22})$. Spieler 2 stellt
sich also durch die Wahl von s_{21} mindestens genauso gut wie mit
s_{22}. Aufgrund der schwachen Dominanz von s_{21} über s_{22} läßt sich
vermuten, dass Spieler 2 die Strategie s_{21} wählen wird.

(c) Seien Spieler 1 und 2 Mitglieder einer homomorphen Bevölkerung. Der Anteil der s_{11}/s_{21}-Typen (d.h. der Spieler, die ihre erste
Strategie wählen) in der Gesamtbevölkerung, und damit die Wahrscheinlichkeit, auf einen s_{11}/s_{21}-Typ zu treffen, sei mit p bezeichnet.

Die Fitness des s_{11}/s_{21}-Verhaltens bzw. des s_{12}/s_{22}-Verhaltens beträgt dann

$$f_{s_{11}/s_{21}}(p) = 3p + 6(1-p) = 6 - 3p$$

bzw.

$$f_{s_{12}/s_{22}}(p) = 3p + 0(1-p) = 3p.$$

Diese Funktionen sind in Abbildung 23-3 dargestellt. Unter der Annahme, dass sich Typen mit höherer Fitness stärker ausbreiten, wird der Anteil der s_{11}/s_{21}-Typen wachsen, sobald er einmal die Schwelle von $p = 0$ überschritten hat. Es entwickelt sich eine homogene Bevölkerung, die ausschließlich aus s_{11}/s_{21}-Typen besteht. In der Zeichnung ist dies durch den schwarzen Kreis angedeutet.

Wir untersuchen die evolutorische Dynamik mit Hilfe Malthus'scher **Replikatorfunktionen** (vgl. auch Aufgabe 22(c)). Es wird angenommen, dass die Wachstumsrate $\dot{p}/p$ des „s_{11}/s_{21}-Verhaltens" gleich der Fitness des s_{11}/s_{21}-Verhaltens abzüglich der durchschnittlichen Fitness in der Gesamtbevölkerung ist. Dabei bezeichnet $\dot{p}$ die Ableitung von p nach der Zeit bezeichnet, also $\dot{p} = dp/dt$. Wir erhalten

$$\frac{\dot{p}}{p} = 6 - 3p - \left[p(6-3p) + (1-p)3p \right] = 6 - 12p + 6p^2$$

bzw.

$$\dot{p} = p(6 - 12p + 6p^2) = 6p(1-p)^2.$$

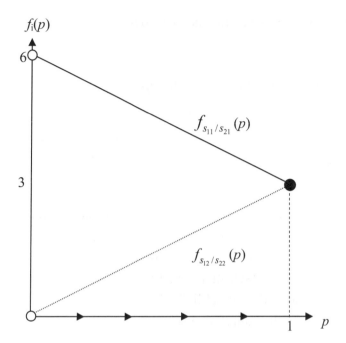

Abbildung 23-3: *Fitnessfunktionen im evolutorischen Market-Congestion-Spiel*

Die **rest points** oder Ruhepunkte dieses dynamischen Prozesses sind diejenigen Stellen p, an denen $\dot{p} = 0$ erfüllt ist. Anhand der letzten Gleichung sind die Ruhepunkte $p_1 = 0$ und $p_2 = 1$ besonders leicht zu erkennen.

Es gilt $\dot{p} = 6 * p * (1-p)^2 > 0$ für alle $0 < p \leq 1$. Das bedeutet, dass für jedes $p > 0$ der Anteil der s_{11}/s_{21}-Typen, also p, wächst. Damit ist der Ruhepunkt $p_2 = 1$ asymptotisch stabil ist. Dieser entspricht einer Bevölkerung, die ausschließlich aus s_{11}/s_{21}-Typen besteht. Das **Attraktionsgebiet** (basin of attraction) dieses Ruhepunktes ist das halboffene Intervall $]0,1]$ bzw. $\{p \in \mathbb{R} \mid 0 < p \leq 1\}$. Hingegen ist der Ruhepunkt $p_1 = 0$, der einer Bevölkerung entspricht, die sich nur aus s_{12}/s_{22}-Typen zusammensetzt, nicht stabil.

Aufgabe 24: Das Falke-Taube-Bourgeois-Spiel

(a) Bestimmen Sie die Nash-Gleichgewichte des Falke-Taube-Bourgeois-Spiels.

Spieler 1 \ 2	Taube	Falke	Bourgeois
Taube	(2,2)	(0,4)	(1,3)
Falke	(4,0)	(-2,-2)	(1,-1)
Bourgeois	(3,1)	(-1,1)	(2,2)

Abbildung 24-1: *Das Falke-Taube-Bourgeois-Spiel*

(b) Das evolutorische Falke-Taube-Spiel (vgl. Aufgabe 21: Das Falke-Taube-Spiel) kann um den Verhaltenstyp „Bourgeois" erweitert werden. Während im einfachen Falke-Taube-Spiel alle Spieler symmetrisch sind, wird jetzt angenommen, dass es zwei Rollen gibt, nämlich „Territoriumseigner" und „Eindringling", und dass die Individuen wissen, in welcher Rolle sie sich befinden. Die Rolle ändere jedoch nicht die Wahrscheinlichkeit, einen Kampf zu gewinnen oder den Wert eines Sieges. Diese Asymmetrie erlaubt die Einführung eines drittes Verhaltenstyps, nämlich des „Bourgeois"-Verhaltens: "Als Territoriumseigner spiele Falke, als Eindringling Taube".

Betrachten Sie das evolutorische Spiel, das zu oben-stehender Auszahlungsmatrix gehört. Welches ist die evolutorisch stabile Strategie? Stellen Sie die dynamische Entwicklung der drei Verhaltenstypen in einem Diagramm dar. Nehmen Sie an, dass die Wahl der Strategie und die Rolle, die ein Individuum hat, voneinander unabhängig sind.

Hinweis: Interpretieren Sie die Auszahlungen in obiger Matrix als Fitness.

Lösung:

(a) Das Falke-Taube-Bourgeois-Spiel wurde von Maynard Smith (1982) erstmals untersucht. Es hat zwei Nash-Gleichgewichte. Das Strategiepaar (Bourgeois, Bourgeois) ist ein Nash-Gleichgewicht in reinen Strategien. Es gibt außerdem ein Gleichgewicht in gemischten Strategien, in dem beide Spieler unabhängig voneinander die Strategien „Taube" und „Falke" je mit Wahrscheinlichkeit ½ wählen und die Strategie „Bourgeois" mit der Wahrscheinlichkeit Null.

(b) Die Fitness f_i eines Verhaltenstyps i ($i \in \{$"Taube" (T), "Falke" (F), "Bourgeois" (B)$\}$) ergibt sich als Summe der jeweiligen Fitness bei einem Zusammentreffen über alle Verhaltenstypen gewichtet mit der Wahrscheinlichkeit eines Zusammentreffens. So hängt die Fitness f_T des „Tauben"-Typs ab vom Anteil p der „Tauben" an der Gesamtbevölkerung, vom Anteil q der „Falken" und vom Anteil $(1\text{-}p\text{-}q)$ an „Bourgeois" ab. Da der Anteil an „Bourgeois" $r = 1\text{-}p\text{-}q$ beträgt, können wir auch die Fitness aller Verhaltenstypen in Abhängigheit von p und q darstellen:

$$f_T(p,q) = p\,f(T, T) + q\,f(T, F) + (1\text{-}p\text{-}q)\,f(T, B)$$
$$= 2p + 0q + 1(1\text{-}p\text{-}q)$$
$$= 1 + p - q$$

$$f_F(p,q) = p\,f(F, T) + q\,f(F, F) + (1\text{-}p\text{-}q)\,f(F, B)$$
$$= 4p + (\text{-}2)q + 1(1\text{-}p\text{-}q)$$
$$= 1 + 3p - 3q$$

$$f_B(p,q) = p\,f(B, T) + q\,f(B, F) + (1\text{-}p\text{-}q)\,f(B, B)$$
$$= 3p + (\text{-}1)q + 2(1\text{-}p\text{-}q)$$
$$= 2 + p - 3q$$

Der Strategieraum ist der 2-dimensionale Einheitssimplex $S^{(3)}$ im $\mathbb{R}^3$ mit den Eckpunkten $(1, 0, 0)$, $(0, 1, 0)$ und $(0, 0, 1)$, die zu den Strategiepaaren (Taube, Taube), (Falke, Falke) und (Bourgeois, Bourgeois) gehören. Da sich p, q und r stets zu 1 addieren, reichen zwei Dimensionen zur Darstellung aller „Mischungen" (p, q, r) aus. Das Simplex ist dann die konvexe Hülle eines gleichseitigen Dreiecks (siehe Abbildung 24-2). Jede Ecke entspricht einer Bevölkerung, die nur aus einem Spieler-Typ besteht. Sie sind in Abbildung 24-2 zusätzlich mit **T**, **F** und **B** gekennzeichnet. Mit dieser Notation entsprechen die beiden Nash-Gleichgewichte den Punkten $e_1 = (1/2, 1/2, 0)$ und $e_2 = (0, 0, 1)$ im Einheitssimplex.

Wir treffen, wie in Aufgabe 22 (c), die *Malthus*-Annahme, dass die Wachstumsrate eines Verhaltenstyps proportional zu seiner relativen Fitness ist. Die durchschnittliche Fitness in der Bevölkerung beträgt

$$p\,f_T(p,\ q) + q\,f_F(p,\ q) + (1\text{-}p\text{-}q)\,f_B(p,\ q) = 4pq - 4q + 2.$$

Die Wachstumsrate des „Taube-Verhaltens" $\dot{p}\,/\,p$ ist gleich der Fitness des Taube-Verhaltens abzüglich der durchschnittlichen Fitness in der Gesamtbevölkerung. Dabei bezeichnet $\dot{p}$ die Ableitung von p nach der Zeit bezeichnet, also $\dot{p} = dp\,/\,dt$. Es gilt

$$\frac{\dot{p}}{p} = 3q + p - 4pq - 1$$

oder

$$\dot{p} = p^2 - 4p^2 q + 3pq - p\,.$$

Entsprechend erhalten wir für die Veränderung des Falken- und des Bourgeois-Anteils r ($r = 1\text{-}p\text{-}q$)

$$\dot{q} = q^2 - 4pq^2 + 3pq - q$$

$$\dot{r} = -\dot{p} - \dot{q} = p + q - 6pq - p^2 - q^2 + 4p^2 q + 4pq^2\,.$$

Der dynamische Prozess, der durch dieses Differential-Gleichungssystem beschrieben wird, erreicht einen Ruhepunkt, wenn $\dot{p} = \dot{q} = 0$ (und damit auch $\dot{r} = 0$) gilt. Ein Punkt (p, q, $1\text{-}p\text{-}q$), an dem $\dot{p} = \dot{q} = 0$ erfüllt ist, wird als **rest point** oder Ruhepunkt bezeichnet. Im obigen Fall sind die Ruhepunkte $s_1 = (1,0,0)$, $s_2 = (0,1,0)$, $s_3 = (1/2,\ 1/2,\ 0)$ und $s_4 = (0,\ 0,\ 1)$. Abbildung 24-2 stellt die Ruhepunkte im Einheitssimplex $S^{(3)}$ dar.

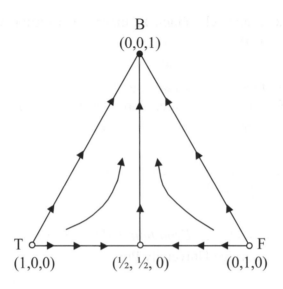

B
(0,0,1)

T
(1,0,0)

(½, ½, 0)

F
(0,1,0)

Abbildung 24-2: *Dynamik im evolutorischen Falke-Taube-Bourgeois-Spiel*

Die Pfeile zeigen die Dynamik des Differentialgleichungssystems an. Diese kann auf besonders einfache Weise bestimmt werden, indem man Werte für p und q in die Differentialgleichungen einsetzt und feststellt, ob $\dot{p}$, $\dot{q}$ und $(1 - \dot{p} - \dot{q})$ größer, kleiner oder gleich Null sind. Es zeigt sich dass $s_1 = (1,0,0)$, $s_2 = (0,1,0)$ und $s_3 = (1/2, 1/2, 0)$ evolutorisch instabile Ruhepunkte sind. In Abbildung 24-2 sind sie als weiße Kreise dargestellt.

Hingegen ist der schwarz dargestellte Ruhepunkt $s_4 = (0, 0, 1)$ global stabil. Von Anfangszuständen in der Nähe von **T** und **F** aus entwickelt sich die Bevölkerung zunächst zu einer aus „Tauben" und „Falken" gemischten Bevölkerung, wie sie auch im „einfachen" evolutorischen Falke-Taube-Spiel entsteht. Diese ist jedoch gegenüber dem Auftreten von Bourgeois-Typen nicht stabil, sondern entwickelt sich schließlich zu einer Bevölkerung weiter, die sich zu 100% als Bourgeois verhält.

Literatur:

Friedman, D. (1991), Evolutionary Games in Economics. *Econometrica* **59** (3), 637-666.

Maynard Smith, J. (1982), *Evolution and the Theory of Games.* Cambridge: Cambridge University Press.

Glossar

Abstimmungsmacht drückt aus, wie stark die mögliche Einfluß-
nahme eines einzelnen Spielers in einem Abstimmungsspiel (z.B.
bei Wahlen) ist.

Abstimmungsspiel ist ein Spiel, das durch eine **Abstimmungsre-
gel** (Mehrheitsregel, Quote) und eine **Stimmverteilung** (oder Sitz-
verteilung) beschrieben ist.

Allais-Paradoxon besagt, daß die Entscheidungen unter Risiko
(d.h. über **Lotterien**) *nicht* der **Erwartungsnutzenhypothese** entsprechen. Dies wurde durch viele Experimente und Beobachtungen
bestätigt.

All-Pay-Auktion: Bei diesem Verfahren zahlt man stets den Betrag, den man in seinem Gebot nennt, *unabhängig davon, ob man
den Zuschlag erhält oder nicht.* Dieses Verfahren wird auch **Amerikanische Auktion** genannt.

alternating offer game: Vgl. **Rubinstein-Spiel.**

Amerikanische Auktion: Siehe **All-Pay-Auktion.**

Apex-Spiele zeichnen sich durch einen starken und n-1 viele
schwache Spieler aus.

asymmetrisches Verhandlungsspiel: Vgl. **symmetrisches Verhandlungsspiel.**

Aumann, Robert (1930), Mathematiker, erhielt 2005, zusammen mit **Thomas Schelling**, den Nobelpreis für Wirtschaftswissenschaften. Damit wurden insbesondere seine Arbeiten über wiederholte Spiele gewürdigt. Vgl. **Folk-Theorem**.

Auszahlungen sind Nutzenwerte, die aus einer **Auszahlungsfunktion** ("pay-off function") folgen, die die **Erwartungsnutzenhypothese** erfüllt. Sie sind eine kardinale Repräsentation von Präferenzen und deshalb geeignet, Bewertungen von **Lotterien** ("prospects") auszudrücken. *Auszahlungen sind Nutzenwerte, und nicht Geld!*

Auszahlungsdominanz: Siehe **Pareto-Dominanz.**

Auszahlungsfunktion ordnet den Spielergebnissen Nutzen zu, die die Präferenzen der Spieler in bezug auf die Ereignisse ausdrücken und die **Erwartungsnutzenhypothese** erfüllen. Auch **pay-off function**.

Auszahlungsmatrix: Siehe **Spielmatrix** bzw. **Matrixspiel.**

Auszahlungsraum: Menge der **Auszahlungsvektoren**, die zu einem Spiel gehören.

Auszahlungsvektor drückt die Bewertung eines Ereignisses, das aus einer **Strategienkombination** resultiert, durch die Spieler aus. D.h., jeder Kombination von Strategien wird ein Auszahlungsvektor zugeordnet.

Banzhaf-Index: Maß für die **Abstimmungsmacht** der Spieler in Koalitionsspielen. Ausgangspunkt ist die Zahl der Koalitionen, die ein Spieler i in Gewinn- bzw. Verlustkoalitionen verwandeln kann.

bargaining game: Siehe **Verhandlungsspiel.**

Battle of the Sexes: Siehe **Kampf der Geschlechter.**

Brouwersches Fixpunkttheorem: Siehe **Fixpunkttheoreme.**

charakteristische Funktion: Eine Funktion, die jeder Teilmenge von Spielern, d.h. **Koalitionen**, eine reelle Zahl zuordnet, die deren "Wert" ausdrückt bzw. was die Mitglieder einer Koalition "gegen den Widerstand aller anderen Spieler" erreichen können.

Chicken-Spiel ist ein Zwei-mal-zwei-Matrixspiel mit zwei (asymmetrischen) Nash-Gleichgewichten in reinen Strategien und einem Nash-Gleichgewicht in gemischten Strategien. Die **Maximinlösung** dieses Spiels wird *nicht* durch ein Nash-Gleichgewicht unterstützt.

Common-Knowledge-Annahme: Ein Ereignis X ist für zwei Spieler, z.B. Adam und Eva, "gemeinsames Wissen" im Sinne der Common-Knowledge-Annahme, wenn beide um X wissen, und Adam weiß, daß Eva von X weiß, und Eva weiß, daß Adam um X weiß und er auch weiß, daß Eva um X weiß und daß sie auch weiß, daß Adam um X weiß und davon, daß Eva von X weiß und auch weiß, daß Adam weiß, daß Eva weiß usw. X könnte der verbotene Apfel sein. Die Anwendung des **Nash-Gleichgewichts** setzt grundsätzlich Common Knowledge voraus. Es gibt eine umfangreiche Literatur, die versucht aufzuzeigen, wie bzw. unter welchen Bedin-

gungen Common Knowledge entsteht. Vgl. Binmore und Brandenburger (1990).

Core: Siehe **Kern**.

Deegan-Packel-Index ist ein Maß für die **Abstimmungsmacht** der
Spieler in Koalitionsspielen. Es ist durch die Zahl der Minimum-
gewinnkoalitionen, in denen Spieler i Mitglied ist, und die Zahl der
Mitglieder in der Koalition bestimmt.

Divide-and-Choose: Siehe **Kuchenteilungsregel**.

Dominante Strategie: Eine Strategie s ist in bezug auf eine alternative Strategie s' strikt dominant, wenn ihr für jede Strategie des
Gegenspielers stets höhere Auszahlungen als für s' entsprechen.

Dummy-Spieler: Ein Spieler ohne Einflußmöglichkeit. Vgl. **Ab-
stimmungsspiele** und **Abstimmungsmacht**.

Effektivitätsfunktion: Sie ordnet jeder Koalition S im Spiel Γ jene
Teilmenge von Ereignissen zu, auf die S das Spielergebnis beschränken kann.

Endliches Spiel: Die Menge der Spieler ist endlich, und jeder Spieler verfügt nur über eine endliche Zahl von **reinen Strategien**.

Equilibrium-Selection-Problem   ("Gleichgewichtsauswahl-
Problem") besteht dann, wenn es mehr als ein Nash-Gleichgewicht
gibt, was bei vielen Spielen der Fall ist.

ESS (evolutionary stable strategies): Statisches Lösungskonzept für evolutorische Spiele. Eine Population, d.h. eine Menge von Strategien (die für Verhaltenstypen stehen) erfüllt dann ESS, wenn ein Mutant (im beliebig kleinen Umfang) eine geringere **Fitness** erreicht als die etablierten Strategien.

Ereignismatrix: Ist eine Matrix, die die Spielform wiedergibt und somit in ihren Zellen Ereignisse, *und nicht* Auszahlungen ausdrückt.

evolutionary dominant strategy: Eine Strategie bzw. eine Menge von Strategien ist dann evolutorisch dominant, wenn sie gegen jedes Maß von Invasion stabil ist, d.h., eine höhere **Fitness** als die Mutanten erreicht..

evolutionary stable strategy: Siehe **ESS**.

evolutorische Spieltheorie unterstellt eine Vielzahl interagierender Agenten (eine Population), von denen sich jener Typ (jene Strategie) durchsetzt, die sich bei der jeweils gegebenen Situation durch die größte Fitness auszeichnet. Die Entscheidungen der Agenten sind **beschränkt rational**.

Erlös-Äquivalenz-Theorem: Es besagt, daß **Erst-** und **Zweit-Preis-Submissionsauktion**, die **Holländische Auktion** und die **Englischen Auktion** zum gleichen Ergebnis führen, wenn sich die Bieter optimal verhalten und adäquate Erwartungen bilden.

Erwartungsnutzenhypothese: Eine Nutzenfunktion $u_i(.)$ ist eine Erwartungsnutzenfunktion, wenn sie die **Erwartungsnutzenhypothese** erfüllt. Dies ist dann der Fall, wenn für sie $u_i([A,p;B,1-p]) =$

$pu_i(A) + (1-p)u_i(B)$ gilt. Hier repräsentieren A und B Ereignisse (Alternativen, Optionen); p ist die Wahrscheinlichkeit, daß das Ereignis A eintritt, während 1-p die entsprechende Wahrscheinlichkeit für B ist. Vgl. auch **Lotterie**. Eine Nutzenfunktion, die diese Bedingung erfüllt, wird auch als **Von-Neumann-Morgensternsche Nutzenfunktion** bezeichnet. Die entsprechenden Nutzenwerte heißen auch **Auszahlungen**. *Auszahlungen sind Nutzenwerte, und nicht Geld!*

extensive Form: Darstellung eines Spiels mit Hilfe eines Spielbaums. Vgl. **strategische Form**.

Fitness: In der **evolutorischen Spieltheorie** beinhaltet Fitness die Bewertung eines Ergebnisses aus der Sicht einer Strategie. Die Strategie repräsentiert den Typ eines Spielers bzw. Agenten.

Fixpunkttheoreme: Das **Brouwersche Fixpunkttheorem** besagt: Gibt es eine kompakte und konvexe Menge S und eine stetige Funktion r, die S auf sich selbst abbildet, dann existiert es ein Element in s*, so daß s* = r(s*) gilt. Dann hat s* die Eigenschaft eines Gleichgewichts und das Theorem beweist die Existenz eines Gleichgewichts. **Kakutanis Fixpunkttheorem** ist eine Erweiterung dieses Theorem, für den Fall, daß r(x) dem Element x eine Menge, und nicht einen einzelnen Wert zuordnet, und somit r(x) keine Funktion, sondern eine **Korrespondenz** ist. Dieses Theorem spielt eine zentrale Rolle beim Beweis der Existenz eines **Nash-Gleichgewichts**. Siehe auch **Nashs Beweis**.

focal point: Siehe **Fokus-Punkt**.

Folk-Theorem besagt, daß die Spieler als Nash-Gleichgewicht eines **wiederholten Spiels** ein effizientes Ergebnis erreichen können, wenn sie die **Auszahlungen** zukünftiger Perioden nicht zu stark diskontieren d.h. keine zu große Präferenz für gegenwärtige Nutzen haben.

Fokus-Punkt: Eine i. d. R. gleichgewichtige Strategienkombination, die Koordinationsprobleme löst, indem sie zu übereinstimmenden Erwartungen führt.

Free-Rider-Verhalten: Das Bestreben, von den Leistungen anderer oder der Öffentlichkeit zu profitieren, ohne einen eigenen Beitrag zu leisten; dies wird auch als **Trittbrettfahrer-Verhalten** bezeichnet und durch ein **Gefangenendilemma-Spiel** beschrieben.

Gefangenendilemma ist ein Zwei-Personen-Matrix-Spiel, das sich dadurch auszeichnet, daß zum einen jeder der beiden Spieler eine **strikt dominante** Strategie hat, und zum anderen das **Gleichgewicht**, das durch die strikt dominanten Strategien beschrieben ist, **Pareto-ineffizient** ist. Vgl. auch **iteriertes Gefangenendilemma**.

Gleichgewicht: Siehe **Nash-Gleichgewicht.**

Gleichgewicht in dominanten Strategien: Eine Strategienkombination, bei der jeder Spieler eine strikt-dominante Strategie wählt. Siehe dazu das **Gefangenendilemma!**

Gleichgewichtsauswahl-Problem: Siehe **Equilibrium-Selection-Problem.**

Gruppenrationalität: Ein **Auszahlungsvektor** ist gruppen-rational, wenn er **Pareto-optimal** ist.

Harsanyi, John C. (1920-2000) erhielt 1994 gemeinsam mit **Reinhard Selten** und **John F. Nash** für seinen Beitrag zur Spieltheorie den Nobelpreis für Ökonomie.

Hurwicz, Leonid (1917) gilt als Begründer des **Mechanismus-Design**-Ansatzes. Er erhielt 2007, zusammen mit **Eric Maskin** und **Roger Myerson**, den Nobelpreis in Wirtschaftswissenschaften.

Information: Ein Spieler verfügt über **perfekte Information**, wenn alle vorausgegangenen Entscheidungen kennt, wenn er selbst an der Reihe ist, eine Entscheidung über einen **Spielzug** zu treffen. Ein Spieler hat **vollkommene Information**, wenn er die **Spielmatrix** oder den **Spielbaum** kennt, die bzw. der das Spiel erschöpfend beschreibt.

Informationsmenge: Sie enthält im **Spielbaum** jeweils die Knoten, die eine bestimmte Entscheidungssituation beschreiben. Verfügt ein Spieler über **perfekte Information**, dann enthalten die Informationsmengen nur jeweils einen Knoten: Der Spieler weiß *genau*, in welcher Entscheidungssituation er sich befindet.

Imperfekte Information: Siehe **Information.**

Implementierung: Bestimmung der **Spielform** eines nicht-kooperativen Spiels (**Mechanismus**), die für alle denkbaren **Präferenzprofile** eine Menge von Ergebnissen auswählt, die vorgegebene („wünschenswerte") Eigenschaften erfüllen, beispielsweise Effizienz bzw. Pareto-Optimalität.

Imputation ist ein Auszahlungsvektor, der **individuell rational** und **Pareto-effizient** ist. Imputationen werden auch als **Zurechnungen** bezeichnet.

Individuell rational: Ein **Auszahlungsvektor** ist individuell rational, wenn er jedem Spieler eine mindestens so hohe Auszahlung zuordnet, als dieser allein auf sich gestellt erreichen könnte.

Inspection Game ist ein Zwei-mal-zwei-Matrixspiel ohne ein Nash-Gleichgewicht in reinen Strategien; es ist ein **endliches Spiel**, also existiert ein Nash-Gleichgewicht in gemischten Strategien. Vgl. **Nashs Beweis**.

Iteriertes Gefangenendilemma ist ein "unendlich wiederholtes" Gefangendilemma, also ein Spiel mit nicht-vorsehbarem Ende, bei dem auf jeder Stufe ein Gefangenendilemma gespielt wird, heißt auch **iteriertes Gefangenendilemma**. Ein iteriertes Gefangenendilemma ist *kein* Gefangenendilemma, obwohl jedes seiner **Stufenspiele** durch ein Gefangenendilemma definiert ist. Es zeichnet sich nämlich nicht durch strikt-dominante Strategien aus, und das Ergebnis, das einem Nash-Gleichgewicht entspricht, ist auch nicht notwendigerweise Pareto-inferior.

Kakutanis Fixpunkttheorem: Siehe **Fixpunkttheoreme.**

Kalai-Smorodinsky-Lösung ist, wie die **Nash-Lösung**, eine **Verhandlungslösung**.

Kampf der Geschlechter ist ein Zwei-mal-zwei-Matrixspiel mit zwei asymmetrischen, Pareto-optimalen Nash-Gleichgewichten in reinen Strategien und einem Nash-Gleichgewicht in gemischten Strategien.

Kern: Eine **Imputation** x ist im Kern des (Koalitions-)Spiel v, wenn es keine Imputation x' gibt, die (a) die Mitglieder einer beliebigen **Koalition** S besserstellt als x und (b) die Koalition S auch realisieren kann. Der Kern ist also sowohl **individuell rational** als auch **koalitions-** und **gruppen-rational**.

Koalition: Teilmenge der Menge aller Spieler N.

Koalitionsform eines Spiels: Darstellung eines Spiels mit Hilfe der **charakteristischen Funktion**. Vgl. **Koalitionsspiel.**

Koalitionsrationalität: Ein **Auszahlungsvektor** x ist koalitionsrational, wenn es keinen Auszahlungsvektor x' gibt, der (a) die Mitglieder einer beliebigen **Koalition** S besserstellt als x und den (b) die Koalition S auch realisieren kann.

Koalitionsspiel: Ein Spiel, das Koalitionen als Akteure sieht und i.e.S. auf Gewinn- und Verlustkoalitionen abstellt. Da für die Spieler innerhalb einer Koalition verbindliche Abmachungen getroffen werden können, zählt die Analyse von Koalitionsspielen zur **kooperativen Spieltheorie**.

Konfliktpunkt ist jener **Auszahlungsvektor**, der in einem **Verhandlungsspiel** resultiert, falls die Spieler zu keiner Einigung gelangen.

kooperatives Spiel unterstellt, daß die Spieler verbindliche Abmachungen treffen können; es gibt weder Beschränkungen in bezug auf Kommunikation noch in bezug auf die Durchsetzbarkeit von Vereinbahrungen. Kooperative Spiele werden auch als **Verhandlungsspiele** bezeichnet. Vgl. **nicht-kooperatives Spiel**.

kooperative Spieltheorie: Theorie, die sich mit der Untersuchung **kooperativer Spiele** befaßt.

kompakte Menge ist eine Menge, die beschränkt und abgeschlossen ist, also ihren Rand enthält. $1 \geq x \geq 0$ ist eine **geschlossene Menge**, $1 > x > 0$ ist eine **offene, aber beschränkte Menge** und $x > 0$ ist eine **unbeschränkte Menge**.

konvexe Menge: Eine konvexe Menge Z zeichnet sich dadurch aus, daß alle Punkte der Verbindungslinie von zwei beliebigen Punkten, die Elemente der Menge Z sind, auch Elemente von Z sind. Zum Beispiel stellt das Intervall $1 > x > 0$ eine konvexe Mengen dar; sie stellt sogar eine **strikt-konvexe Menge** dar, weil alle Elemente aus der Verbindungslinie von zwei Elementen dieser Menge im **Innern** dieser Menge liegen. $\{(x,y)| 1 \geq x \geq 0, 1 \geq y \geq 0\}$ beschreibt ein Quadrat mit der Kantenlänge 1; die entsprechende Zahlenmenge ist konvex, aber *nicht* strikt-konvex, denn die Punkte auf der Kante des Quadrats, liegen auf dem Rand, und nicht im Inneren der Menge.

Korrespondenz: Wenn die Abbildung r(x) dem Element x der Menge S nicht einen einzelnen Wert, sondern eine Menge T zuordnet, dann ist r(x) keine Funktion, sondern eine Korrespondenz.

Kuchenteilungsregel: Bei zwei Spielern gilt: Der eine teilt, der andere wählt. Daher auch **Divide-and-Choose**-Regel.

Laplace-Prinzip: Wenn es keinen Grund für die Annahme gibt, daß ein Ereignis x mehr oder weniger wahrscheinlich ist als ein Ereignis y, dann unterstellt man, daß sie mit gleicher Wahrscheinlichkeit eintreten. Man spricht auch vom **Prinzip des unzureichenden Grundes**.

Lösung: Ein **Lösungskonzept** (kurz: die **Lösung**) wählt für ein Spiel ein **(Spiel-)Ergebnis** aus, das durch die Strategieentscheidung der Spieler bestimmt ist. In einem **nicht-kooperativen Spiel** beschreibt sie einen Strategienvektor oder eine Menge von Strategienvektoren; in einem **kooperativen Spiel** beschreibt sie einen Auszahlungsvektor oder eine Menge von Auszahlungsvektoren.

Lotterie: Repräsentieren A und B Ereignisse (Alternativen, Optionen) und steht p für die Wahrscheinlichkeit, daß das Ereignis A eintritt, während 1-p die entsprechende Wahrscheinlichkeit für B ist, dann ist [A,p;B,1-p] eine **Lotterie**. (In älteren Lehrbüchern wird dafür auch die Bezeichnung **Prospekt** verwandt.)

Market-Congestion-Game ist ein Zwei-mal-zwei-Matrixspiel mit drei Nash-Gleichgewichten in reinen Strategien. Zwei Nash-Gleichgewichte dominieren das dritte schwach, aber nur dieses dritte Nash-Gleichgewichte ist **trembling-hand-perfekt**.

Maskin, Eric S. (1950), erhielt 2007, zusammen mit **Leonid Hurwicz** und **Roger Myerson**, für seine Arbeiten zum **Mechanismus-Design** den Nobelpreis für Wirtschaftswissenschaften.

Matrixform: Sie ist identisch mit der **Normalform** oder der **strategischen Form** eines Spiels. Siehe **Matrixspiel**.

Matrixspiel ist ein Spiel, das durch eine **Spielmatrix** beschrieben ist. Es unterstellt **vollkommene Information** der Spieler, aber impliziert simultane Strategienwahl, d.h., die Spieler haben **imperfekte Information**.

Maximinlösung: Bei dieser Lösung wird unterstellt, daß die Spieler Strategien wählen, die sich dadurch auszeichnen, daß sie das Maximum der Minima der **Auszahlungen** repräsentieren. Spieler i stellt von jeder seiner Strategien das Minimum der Auszahlungen fest und wählt dann jene Strategie, die den größten Minimumwert hat. Die dadurch bestimmte Auszahlung ist der Wert, den ein Spieler unabhängig von den Strategien seiner Mitspieler erreichen kann. Vgl. **Sicherheitsniveau**; siehe auch **Minimaxtheorem**.

Mechanismus: Spielform eines nicht-kooperativen Spiels.

Mechanismus-Design impliziert die (bewußte) Wahl einer **Spielform**, so daß die Menge der resultierenden Ereignisse bestimmte („wünschenswerte") Eigenschaften aufweist wie Effizienz bzw. Pareto-Optimalität.

Menge: Eine Menge ist eine Zusammenfassung von bestimmten Objekten, die sich unterscheiden. Zum Beispiel stellen die natürlichen Zahlen 1, 2, 3, ...usw. und das Intervall $1 > x > 0$ (Zahlen-) Mengen dar. Vgl. auch **konvexe Menge**.

Minimaxtheorem besagt, daß die Spieler in einem (2-Personen-) Nullsummenspiel über Strategien verfügen, die ihren maximalen Verlust minimieren, unabhängig davon, welche Strategie der andere Spieler wählt. Vgl. **Maximinlösung**.

Monotonie-Eigenschaft: Eine **Verhandlungslösung** f(.) ist monoton, wenn $f_i(P,c) \geq f_i(R,c)$ für alle Spieler i gilt und der **Auszahlungsraum** R eine Teilmenge vom **Auszahlungsraum** P. Die **Nash-Lösung** und die **Kalai-Smorodinsky-Lösung** haben *nicht* diese Eigenschaft.

Morgenstern, Oskar (1902-1977): Koautor von **John von Neumann** bei "Theory of Games and Economic Behavior" (1944), dem ersten Buch zur Spieltheorie.

Myerson, Roger S. (1951), erhielt 2007, zusammen mit **Leonid Hurwicz** und **Eric Maskin**, für seine Arbeiten zum **Mechanismus-Design** den Nobelpreis für Wirtschaftswissenschaften.

Nash, John F. (1928) erhielt 1994 gemeinsam mit **John C. Harsanyi** und **Reinhard Selten** für seinen Beitrag zur Spieltheorie den Nobelpreis für Ökonomie.

Nashs Beweis besagt, das jedes **endliche Spiel**, entweder in reinen oder in gemischten Strategien, ein Gleichgewicht hat.

Nash-Gleichgewicht ist ein Strategienvektor $s^* = (s_1^*,...s_i^*,...,s_n^*)$, der sich dadurch auszeichnet, daß kein Spieler i einen Anreiz hat, eine alternative Strategie s_i zu wählen, die sich von s_i^* unterscheidet, *gegeben die (Gleichgewicht-)Strategien* $(s_1^*,...,,...,s_n^*)$ *der anderen Spieler*. Ein Nash-Gleichgewicht ist ein Strategienvektor s^*, für den gilt, daß jeder Spieler eine Strategie wählt, die seine **Auszahlung** maximiert, *gegeben die (Gleichgewichts-) Strategien der anderen Spieler*.

Nash-Lösung ist ein Lösungskonzept für **kooperative Spiele**, das für den Fall von zwei Spielern besagt, daß sich die Spieler 1 und 2 auf ein Auszahlungspaar $u^* = (u_1^*, u_2^*)$ einigen (sollen), das (a) das **Nash-Produkt** $NP = (u_1 + c_1)(u_2 + c_2)$ maximiert, (b) ein Element des Auszahlungsraums P ist und (c) die Bedingung individueller Rationalität $u_i > c_i$ erfüllt. Hier beschreibt $c = (c_1, c_2)$ den **Konfliktpunkt**.

Nash-Programm: Einerseits betrachtet man plausible **nicht-kooperative Spiele**, deren **Nash-Gleichgewichte** mit den Ergebnissen der **kooperativen Spieltheorie** zusammenfallen. Andererseits sucht man nach Ergebnissen bzw. Lösungskonzepten der kooperativen Spieltheorie (wie **Nash-Lösung** oder **Kalai-Smorodinsky-Lösung**), die dem Nash-Gleichgewicht (oder einer Verfeinerung) eines bestimmten nicht-kooperativen Spiels wie dem **Rubinstein-Spiel** entsprechen. Eine alternative Interpretation beinhaltet, daß man jene Züge, die die Voraussetzungen des kooperativen Spiels betreffen (Kommunikation und verbindliche Abmachungen) auch als **nicht-kooperatives Spiel** formuliert. Dann werden Abmachungen durch ein Nash-Gleichgewicht **implementiert**.

Neumann, John von (1903-1957): Einer, wenn nicht *der* Begründer der Spieltheorie. Koautor von **Oskar Morgenstern**. bei "Theory of Games and Economic Behavior" (1944), dem ersten Buch zur Spieltheorie. Ein Mathematikgenie.

nicht-kooperatives Spiel: Geht davon aus, daß die Spieler keine verbindliche Abmachungen treffen können; die Realisierung eines Ergebnisses muß deshalb endogen durchgesetzt werden, d.h., durch die Interessen der Spieler in der jeweiligen Entscheidungssituation. Vgl. **kooperatives Spiel**.

Normalform: Sie ist identisch mit der **Matrixform** bzw. **strategischen Form** eines Spiels. Siehe **Matrixspiel**.

Nullsummenspiel ist ein Zwei-Personen-Spiel, in dem für jedes Ereignis die Auszahlung des Spielers i gleich ist dem negativen Wert der Auszahlung von j. Es ist ein **perfektes Konfliktspiel**. Für dieses Spiel hat **John von Neumann** das **Minimaxtheorem** formuliert: Ein rationales Spielergebnis ist durch ein Strategienpaar beschrieben, für das der Maximinwert der Auszahlungen des Spielers i gleich dem Minimaxwert ist, der - gemessen in Auszahlungen des Spielers i - die Verluste des Spielers j beschreibt.

Nutzengrenze ist der Rand des **Auszahlungsraums**. Oft werden dabei nur die **Pareto-optimalen** Auszahlungen betrachtet.

one-shot game ist ein Spiel, das nur eine Runde gespielt wird. Vgl. **iteriertes Spiel** bzw. **wiederholtes Spiel, Folktheorem**.

Owen, Guillermo (1938): Auf seinem Lehrbuch "Game Theory" (1. Auflage 1968, 3. Auflage 1995) beruhte die Ausbildung vieler erfolgreicher Spieltheoretiker "aller Kontinente". Besonders hinter dem Eisernen Vorhang, in Japan und in Indien war es das Standardwerk für fortgeschrittene Spieltheorie. Eine deutsche Übersetzung der 1. Auflage liegt vor. G. Owen trug aber auch eine Reihe von sehr wichtigen Konzepten zur Entwicklung der Spieltheorie bei z.B. die „multilineare Extension" der **charakteristischen Funktion**.

pay-off function: Siehe **Auszahlungsfunktion**.

pay-off matrix: Siehe **Spielmatrix** oder **Auszahlungsmatrix**.

Pareto-Dominanz: Ein Auszahlungsvektor u dominiert einen Auszahlungsvektor u' strikt, wenn jeder der Spieler bei Verwirklichung von u eine höhere Auszahlung erhält als entsprechend u'. Wenn das der Fall ist, dann sagt man auch, daß u' **Pareto-inferior** in bezug auf u ist.

Pareto-effizient: Vgl. **Pareto-optimal**.

Pareto-optimal: Ein Spielergebnis ist **Pareto-optimal** bzw. **Pareto-effizient**, wenn sich kein Spieler mehr verbessern kann, ohne daß sich ein anderer verschlechtert.

perfektes Konfliktspiel: Siehe **Nullsummenspiel**.

Präferenzoffenbarung: Vgl. dazu **Zweit-Preis-Submissionsauktion** bzw. **Vickrey-Auktion**.

Prinzip des unzureichenden Grundes: Siehe **Laplace-Prinzip**.

Prisoners' Dilemma auch **Prisoner's Dilemma**: Siehe **Gefangenendilemma**.

Prospect: Siehe **Lotterie**.

rationalisierbare Strategie: Im Zwei-Personen-Spiel ist s eine **rationalisierbare Strategie** des Spielers i, wenn s eine beste Antwort auf eine Strategie t des Spielers j ist und diese Strategie t wiederum eine beste Antwort auf eine Strategie s' oder auf die Strategie s des Spielers i ist. Im zweiten Fall sind s und t wechselseitig beste Antworten, und (s,t) ist ein Nash-Gleichgewicht. Daraus folgt: *Jede Gleichgewichtsstrategie ist rationalisierbar.* Aber auch wenn t eine beste Antwort auf s' und s' eine beste Antwort auf t' und t' eine beste Antwort auf s ist und somit keine *wechselseitig* beste Antworten vorliegen, sind diese Strategien rationalisierbar: Sie sind beste Antworten auf beste Antworten - sie bilden einen **Ring bester Antworten** - und es ist nicht "unvernünftig" diese Strategien zu wählen.

Ring bester Antworten: Siehe **rationalisierbare Strategie.**

Risikoneigung: Der Spieler i ist **riskoneutral,** wenn er indifferent bezüglich der **Lotterie** L = [A,p;B,1-p] und dem sicheren Geldbetrag D = pA + (1-p)B ist. Er ist **risikofreudig**, wenn er die Lotterie L dem sicheren Geldbetrag D vorzieht, und er ist risikoavers, wenn er D der Lotterie L vorzieht. Vgl. **Lotterie.**

Rubinstein-Spiel: Ist ein **nicht-kooperatives** Zwei-Personen-**Verhandlungsspiel** bei dem die Spieler abwechselnd Vorschläge machen und korrespondierend dazu die Möglichkeit haben, den Vorschlag anzunehmen oder abzulehnen. Die Verhandlung geht über die Austeilung eines mit der Zahl der Verhandlungsperioden "schrumpfenden Kuchens". Das **teilspielperfekte Gleichgewicht** dieses Spiels zeichnet sich dadurch aus, daß Spieler 1 in der Periode 0 eine Aufteilung vorschlägt, die Spieler 2 annimmt. - Das Rubinsteinspiel gehört zur Klasse der **alternierenden Angebotsspiele** bzw. **alternating offer games.**

Rubinstein-Punkt: Beschreibt die gleichgewichtigen Angebote (x*,y*) der Spieler. Wird das **teilspielperfekte Gleichgewicht** umgesetzt, so macht Spieler 1 das erste Angebot, das Spieler 2 dann akzeptiert; der Kuchen wird dann gemäß $(x^*, 1-x^*)$ aufgeteilt. (x^*,y^*) beschreibt ein **stationär-perfektes Gleichgewicht**.

Sattelpunkt: Ein Sattelpunkt liegt vor, wenn im **Nullsummenspiel** für **reine Strategien** das Maximum der Minima gleich dem Minimum das Maximums der Auszahlung eines Spielers ist. Vgl. **Minimaxtheorem**. Die entsprechende Abbildung gleicht einem Sattel, der allerdings oft wegen der beschränkten Zahl von Strategien und Auszahlungswerten ziemlich abstrakt bleibt. Wenn man allerdings davon ausgeht, daß die Spieler ihre Strategien auch mischen können, dann wird die Darstellung eines Sattels meist deutlicher.

reine Strategie: Siehe **Strategie**.

schwach dominante Strategie: Eine Strategie s ist in bezug auf eine alternative Strategie s' schwach dominant, wenn ihr für mindestens eine Strategie der Gegenspieler die gleiche Auszahlung und mindestens für eine andere Strategie der Gegenspieler eine höhere Auszahlung als bei Wahl von s' entspricht. In diesem Fall ist s' eine **schwach dominierte Strategie**. Vgl. auch **strikt dominante Strategie**.

Schelling, Thomas (1921) erhielt 2005 zusammen mit **Robert Aumann** den Nobelpreis für Wirtschaftswissenschaften. Seine spieltheoretischen Arbeiten trugen dazu bei, unser Verständnis von Konflikt und Kooperation zu erweitern.

Security Level: Vgl. **Sicherheitsniveau**.

Selten, Reinhard (1930) erhielt 1994 gemeinsam mit **John C. Harsanyi** und **John F. Nash** für seinen Beitrag zur Spieltheorie den Nobelpreis für Ökonomie. Im Mittelpunkt der damit gewürdigten Arbeiten stehen die Verfeinerungen des Nash-Gleichgewichts (**Teilspiel-** und **Trembling-Hand-Perfektheit**).

set-valued function: Siehe **Korrespondenz**.

Sicherheitsniveau: Jene Auszahlung, die ein Spieler unabhängig von den Strategien seiner Mitspieler erreichen kann. Vgl. **Maximinlösung**.

Spielbaum stellt die **sequentielle Struktur** eines Spiels mit Hilfe von **Knoten** und **Ästen** dar. Mit Ausnahme der **Endknoten** bezeichnen die Knoten die Entscheidungssituationen der Spieler. Das gilt auch für den **Ursprung** (auch Anfangsknoten, Wurzel oder Quelle genannt) des Spielbaums. Die Äste beschreiben die Entscheidungsalternativen, d.h., die **Spielzüge**, zwischen denen die Spieler wählen können. Knoten, von denen keine Äste ausgehen, sind Endknoten.

Spielform: Die Spezifikation der Spieler, der jeweiligen Strategienmengen und der Ereignisse definiert die **Spielform** eines Spieles. Die Spielform ist "ein Spiel minus Nutzenfunktionen". Vgl. auch **Mechanismus**.

Spielmatrix beschreibt ein Spiel durch (a) dessen Spieler, (b) deren reine **Strategien** und (c) die **Auszahlungsvektoren** - und damit die **strategische Form** eines Spiels. Sie wird auch als **Auszahlungsmatrix** bezeichnet. Siehe auch **Matrixspiel**.

Spielzug: Siehe **Spielbaum** und **Strategie**.

stationäres Spiel liegt vor, wenn in einem Mehrperiodenspiel ein **Stufenspiel** dem anderen gleicht und sich die Entscheidungssituation der Spieler über die Zeit nicht ändert. Das beinhaltet, daß das Spiel sich durch einen unbeschränkten Zeithorizont auszeichnet. Vgl. **iteriertes Gefangenendilemma**.

stationär-perfektes Gleichgewicht ergibt sich, wenn man das Konzept des **teilspielperfekten Gleichgewichts** auf ein **stationäres Spiel** anwendet. Da dieses Spiel keine letzte Periode hat, läßt sich das teilspielperfekte Gleichgewicht hier nicht durch **Rückwärtsinduktion** ableiten.

Steigungseigenschaft der **Nash-Lösung** besagt, daß der Winkel der Verbindungslinie des Verhandlungsergebnisses u* und des **Konfliktpunkts** c gleich dem Winkel ist, den eine Tangente in u* an die **Nutzengrenze** H bildet.

Strategie ist eine Folge geplanter **Spielzüge**. Ist das Spiel in der Form eines **Spielbaums** dargestellt, dann beschreibt eine Strategie des Spielers i für jeden Knoten, an dem i eine Entscheidung trifft, welchen Zug i wählt. Dies gilt auch für Knoten, die i aufgrund vorausgehender Entscheidungen nicht erreichen wird. Sie beschreibt einen „vollständigen Handlungspfad".

Eine **gemischte Strategie** ist eine Zufallsverteilung über **reine Strategien**: Sie ordnet den reinen Strategien Wahrscheinlichkeiten zu, mit denen sie "zufällig" ausgewählt werden. Jede **reine Strategie** s kann als gemischte Strategie interpretiert werden, bei der s mit Wahrscheinlichkeit 1 und alle übrigen reinen Strategien mit Wahrscheinlichkeit 0 gewählt werden. Bei einer echten bzw. "voll" gemischten Strategie wird keine der reinen Strategien mit Wahrscheinlichkeit 0 oder 1 gewählt.

Strategienkombination: Setzt sich aus je einer Strategie jedes am Spiel beteiligten Spielers zusammen. Wird auch als **Strategienvektor** bezeichnet.

Strategienmenge ist die Menge der (reinen und gemischten) Strategien, aus der ein Spieler wählen kann.

strategische Form ist die Darstellung eines Spiels mit Hilfe der **Spielmatrix**. Man bezeichnet sie auch als die **Normalform** oder **Matrixform** eines Spiels. Siehe **Matrixspiel**.

strikt dominante Strategie: Eine Strategie s ist in bezug auf eine alternative Strategie s' strikt dominant, wenn ihr für jede Strategie des Gegenspielers stets höhere Auszahlungen als für s' entsprechen. Vgl. auch **schwach dominante Strategie**.

Stufenspiel: Teilspiel eines wiederholten Spiels. Die Spieler kennen die Entscheidungen und Ergebnisse der vorausgegangenen Entscheidungen und, **vollkommene Information** vorausgesetzt, die Entscheidungssituationen, die aus dem betrachteten Stufenspiel folgen. Vgl. **iteriertes Gefangenendilemma**.

Superspiel: Unendlich wiederholte Spiele, also Spiele ohne "vorhersehbares Ende", werden auch als **Superspiele** bezeichnet. Siehe **iteriertes Gefangenendilemma**.

Symmetrisches Verhandlungsspiel: Zeichnet sich durch einen symmetrischen **Auszahlungsraum** P und durch einen **Konfliktpunkt** c aus, der auf der 45°-Achse liegt. Spiele, die durch eine **lineare ordnungserhaltene Transformation** der Nutzen in ein derartiges Spiel überführt werden können, sind ebenfalls symmetrische Verhandlungsspiele.

Teilspiel: Ausgehend von einem Spielbaum ist ein **echtes Teilspiel** dadurch definiert, daß sein Ursprung in einer **Informationsmenge** mit nur einem Element liegt und die nachfolgenden Knoten nur über die Äste erreichbar sind, die von diesem Ursprung ausgehen. D.h., die Spieler kennen alle Entscheidungen und Ereignisse des Spiels, die vor dem betrachteten Teilspiel liegen.

teilspielperfektes Gleichgewicht: Eine Strategienkombination s^* beschreibt ein teilspielperfektes (Nash-) Gleichgewicht, wenn die dazugehörigen Strategien für jedes **echte Teilspiel** wechselseitig beste Strategien "induzieren". Wenn s_i^* Bestandteil des teilspielperfekten Gleichgewichts s^* des Spiels Γ ist, dann ist die **Zugfolge** t_i^*, die s_i^* für das echte Teilspiel Γ' von Γ vorschreibt, eine beste Antwort im Ursprung von Γ' bezüglich der Zugfolgen, die die teilspielperfekten Strategien der anderen Spieler für Γ' vorsehen.

Teilspielperfektheit: Siehe auch **teilspielperfektes Gleichgewicht**.

THP-Konzept: Siehe **trembling-hand-perfekt**.

Transformation: Wenn die Funktion $u_i(.)$ die **Erwartungsnutzenhypothese** erfüllt, dann ist $u_i(.)$ eindeutig definiert bis auf eine **lineare ordnungserhaltende Transformation**. Also drückt $v_i(.) = a_i u_i(.) + b_i$ die gleiche Nutzenfunktion aus wie $u_i(.)$, falls $a_i > 0$ und damit die Ordnungserhaltung erfüllt ist. Siehe **Auszahlungsfunktion** und **Erwartungsnutzenhypothese**.

Transitivität der Präferenzen: Wenn Spieler i die Alternative A der Alternative B und die Alternative B der Alternative C vorzieht, dann folgt, daß er die Alternative A der Alternative C vorzieht, falls seine Präferenzen transitiv sind.

trembling-hand-perfekt (THP): Ein Nash-Gleichgewicht ist **trembling-hand-perfekt**, wenn es für die Spieler auch dann von Vorteil ist, die entsprechenden Gleichgewichtsstrategien zu wählen, wenn sie annehmen, daß die Gegenspieler mit einer geringen Wahrscheinlichkeit ε ihre anderen Strategien wählen (weil "ihre Hände bei der Wahl der Gleichgewichtsstrategien zittern").

Trembling-Hand-Perfektheit: Vgl. **trembling-hand-perfekt**.

Trittbrettfahrer-Verhalten: Siehe **Free-Rider-Verhalten**.

Ultimatumspiel: Es geht um die Aufteilung einer fixen Summe, eines Kuchens etc. Ein Spieler i, der Teiler, macht einen Vorschlag, den der zweite Spieler, der Entscheider j, akzeptieren oder verwerfen kann. Im zweiten Fall bekommt keiner der beiden Spieler etwas. Im ersten Fall wird der akzeptierte Vorschlag realisiert. Das **teilspielperfekte Gleichgewicht** dieses Spieles beinhaltet, daß der Teiler dem Entscheider einen möglichst kleinen Anteil (bzw. einen Anteil von 0) gibt. Vgl. **Kuchenteilungsregel**.

Unabhängigkeit von irrelevanten Alternativen: Diese Bedingung ist dann erfüllt, wenn für die Ergebnisse der beiden **Verhandlungsspiele** (P,c) und (Q,c) (mit identischem **Konfliktpunkt** c) f(P,c) = f(Q,c) gilt, falls P eine Teilmenge von Q und das Ergebnis f(Q,c) ein Element in P ist. Die **Nash-Lösung** erfüllt diese Bedingung.

Verhandlungslösung ist eine Funktion, die einem **Verhandlungs-spiel** ein **Verhandlungsergebnis** zuordnet.

Verhandlungsproblem: Auswahl der Alternative, auf die sich die Beteiligten einigen können. Die Auswahl wird durch eine **Verhandlungslösung** bestimmt.

Verhandlungsspiel: Ein **kooperatives Verhandlungsspiel** besteht aus einem Auszahlungsraum P und einem **Konfliktpunkt** c; der Konfliktpunkt gibt die Auszahlungen wieder, wenn sich die Spieler nicht einigen. Oft werden auch **kooperative Spiele** als Verhand-lungsspiele bezeichnet, obwohl die Spieler nicht explizit verhan-deln.

Bei einem **einfachen Verhandlungsspiel** ist der Konfliktpunkt c gegeben. In einem **allgemeinen Verhandlungsspiel** ist die Ent-scheidung über die Konfliktauszahlungen selbst Gegenstand eines Spiels. In diesem Spiel um den Konfliktpunkt, einem **Drohspiel**, sind die Interessen diametral entgegengesetzt.

In einem **nicht-kooperatives Verhandlungsspiel** (z.B. das **Rubinstein-Spiel**) besteht eine mögliche Strategie aus einer Folge von Zügen, die Vorschläge, Ablehnung und Zustimmung umfassen. Man beachte: Dies ist kein kooperatives Spiel i.e.S., da keine ver-bindlichen Abmachungen getroffen werden können. Statt dessen werden die Abmachungen über das Gleichgewicht und die rationa-len Entscheidungen der Spieler **implementiert**.

Vickrey, William (1914-1996) erhielt 1996 den Nobelpreis für Wirtschaftswissenschaften. Er analysierte die **Zweit-Preis-Submissionsauktion mit geschlossenem Angebot**.

Vickrey-Auktion: Siehe **Zweit-Preis-Submissionsauktion.**

vollkommene Information: Siehe unter **Information.**

Von-Neumann-Morgensternsche Nutzenfunktion ist eine Nutzenfunktion, die den zu bewertenden Ereignissen **Auszahlungen** zuordnet, die die **Erwartungsnutzenhypothese** erfüllen.

wiederholtes Spiel: Es zeichnet sich dadurch aus, daß das Spiel einer Periode (**one-shot game** bzw. **Stufenspiel**) unendlich oft wiederholt wird. Vgl. **iteriertes Spiel** und **Folktheorem.**

Zugfolge: Eine Folge von aufeinander folgenden Spielzügen, die einem Spieler i zur Verfügung stehen. Falls sie alle Entscheidungen berücksichtigt, die der Spieler i zwischen **Ursprung** und **Endknoten** trifft, dann ist sie identisch mit einer **Strategie**. Vgl. **Spielbaum.**

Zurechnung: Siehe. **Imputation.**

Zweit-Preis-Submissionsauktion mit geschlossenem Angebot: Die Bieter kennen die Gebote der Mitbieter nicht, wenn sie ihre Gebote abgeben. Der Bieter, der den höchsten Preis nennt, bekommt den Zuschlag, und er bezahlt dafür den Preis, der im zweithöchsten Gebot genannt wurde. **William Vickrey** analysierte dieses Spiel: Die **dominante Strategie** jedes Spielers ist, seine (maximale) Zahlungsbereitschaft als Gebot zu nennen. Das impliziert eine **Präferenzoffenbarung.**

Literaturverzeichnis

Albert, M. und R. A. Heiner (2003), An Indirect-Evolution Approach to Newcomb's Problem, *Homo oeconomicus* **20** (2/3), 161 – 194.

Aumann, R. und M.Maschler (1985), Game Theoretic Analysis of a Bankruptcy Problem from the Talmud, *Journal of Economic Theory* **35** (2), 195-213.

Binmore, K. und A. Brandenburger (1990), Common knowledge and game theory, in K. Binmore (Hrsg.), *Essays on the Foundations of Game Theory*, Oxford: Basil Blackwell.

Carmichael, Fiona (2005), *A Guide to Game Theory*, Harlow et al.: Prentice Hall.

Dodds, E. R. (1956), *The Greeks and the Irrational*, Berkeley and Los Angeles: University of California Press.

Faulhaber, G. (1975), Cross-Subsidization: Pricing in Public Enterprises, *American Economic Review* **65** (5), 966-977.

Friedman, D. (1991), Evolutionary Games in Economics. *Econometrica* **59** (3), 637-666.

Holler, M.J. (1991), Three characteristic functions and tentative remarks on credible threats, *Quality and Quantity* **25**, 29-35.

Holler, M.J. und G. Illing (2006), *Einführung in die Spieltheorie*, 6. Auflage, Berlin u.a.: Springer-Verlag.

Kapuściński, R. (2005), *Meine Reisen mit Herodot,* Frankfurt: Eichborn.

Littlechild, S.C. und G. Owen (1973), A Simple Expression for the Shapley Value in a Special Case, *Management Science* **20** (3), 370-372.

Mas-Colell, A., M. D. Whinston, und J. R. Green (1995), *Microeconomic Theory*. New York: Oxford University Press.

Maschler, M. (1976), An Advantage of the Bargaining Set over the Core, *Journal of Economic Theory* **13** (2), 184-192.

Maynard Smith, J. (1982), *Evolution and the Theory of Games*. Cambridge: Cambridge University Press.

Moulin, H. (1988), *Axioms of Cooperative Game Theory*. New York: Cambridge University Press.

Nash, J. F. (1950), The Bargaining Problem, *Econometrica* **18** (2), 155-162.

Nash, J. F. (1951), Non-cooperative Games, *Annals of Mathemetics* **54**, 286-295.

Nozick, R. (1969), Newcomb's Problem and two principles of choice, in: N. Rescher et al. (eds.), *Essays in Honor of C.-G. Hempel*, Dordrecht: Reidel, 114-146.

Owen, G. (1982), *Game Theory*, 3rd ed., New York: Academic Press.

Rapoport, A. (1970), *N-Person Game Theory – Concepts and Applications*. Ann Arbor: University of Michigan Press.

Rubinstein, A. (1982), Perfect Equilibrium in a Bargaining Model, *Econometrica* **50** (1), 97-111.

Schmeidler, D. (1969), The Nucleolus of a Characteristic Function Game, SIAM *Journal of Applied Mathematics* **17**, 1163-1170.

Shapley, L.S. (1971), Cores of Convex Games, *International Journal of Game Theory* **1**, 11-26, 199.

Shubik, M. (1984), *Game Theory in the Social Sciences: Concepts and Solutions*, Cambridge (Mass.): MIT Press.

Handbuch für Strategen

Von Prof. Dr. Manfred J. Holler
und Dr. Barbara Klose-Ullmann,
Hamburg/München

Zum Werk

Es gibt zwei Arten falscher Entscheidungen, behauptet
die analytische Statistik. Dieses Buch erläutert eine dritte
Fehlerart und zeigt, wie mit ihr umzugehen ist. Als der
französische Reifenproduzent Michelin eine Produktions-
stätte in den Vereinigten Staaten eröffnete, um auf dem
amerikanischen Markt stärker präsent zu sein, trat der
amerikanische Reifenproduzent Goodyear in den französi-
schen Markt ein. „Hätten sich die Manager von Michelin
doch nur mit Spieltheorie befasst – dem Unternehmen
wäre einiges erspart geblieben!", kommentierte die FAZ
das Ergebnis.

Zielgruppe

Für Unternehmer, Führungskräfte, Personalverantwortliche,
Manager.

Fax-Coupon ....

___ Expl. 978-3-8006-3398-2
Holler/Klose-Ullmann, Spieltheorie für Manager
2. Auflage. 2007. XIII, 261 Seiten. Kartoniert € **25,–** inkl. MwSt.
zzgl. Versandkosten € 0,90 in Deutschland bei Einzelbestellung beim Verlag.

Name/Firma

Straße

PLZ/Ort

Datum/Unterschrift   148970

Bei schriftlicher oder telefonischer Bestellung haben Sie das Recht, die
Ware innerhalb von 2 Wochen nach Lieferung ohne Begründung an
Ihren Lieferanten (Buchhändler oder Verlag Vahlen, c/o Nördlinger
Verlagsauslieferung, Augsburger Str. 67a, 86720 Nördlingen) zurück-
zusenden, wobei die rechtzeitige Absendung genügt. Kosten und
Gefahr der Rücksendung trägt der Lieferant.
Ihr Verlag Franz Vahlen GmbH, Wilhelmstr. 9, 80801 München,
Geschäftsführer: Dr. Hans Dieter Beck

Bitte bestellen Sie bei Ihrem Buchhändler oder beim:
Verlag Vahlen · 80791 München · Fax (089) 3 81 89-402
Internet: www.vahlen.de · E-Mail: bestellung@vahlen.de

**VERLAG
VAHLEN
MÜNCHEN**